当代高校教育与创新研究

陈　琦　　张　伟　王莎莎　著

东南大学出版社
SOUTHEAST UNIVERSITY PRESS

图书在版编目(CIP)数据

当代高校教育与创新研究/陈琦,张伟,王莎莎著.
南京:东南大学出版社,2024.12.--ISBN 978-7
-5766-1927-0

Ⅰ.G649.21

中国国家版本馆 CIP 数据核字第 2025H4T439 号

责任编辑:胡中正　　责任校对:张万莹　　封面设计:豫燕川　　责任印制:周荣虎

当代高校教育与创新研究

Dangdai Gaoxiao Jiaoyu yu Chuangxin Yanjiu

作　　者:陈　琦　张　伟　王莎莎
出版发行:东南大学出版社
出 版 人:白云飞
社　　址:南京市四牌楼 2 号　邮编:210096　电话:025-83793330
网　　址:http://www.seupress.com
经　　销:全国各地新华书店
排　　版:燕川文化
印　　刷:北京市怀柔新兴福利印刷厂
开　　本:787 mm×1092 mm　1/16
印　　张:11.5
字　　数:194 千
版 印 次:2025 年 6 月第 1 版第 1 次印刷
书　　号:ISBN 978-7-5766-1927-0
定　　价:58.00 元

本社图书如有印装质量问题,请直接与营销部联系(电话:025-83791830)

前　言

创新是人类社会发展的动力，是知识经济发展的动力源泉。开发人的创造性、培养人的创新能力是教育本质的功能；培养有创新精神和创新能力的高级专门人才，是高等教育的核心目标，所以进行创新教育至关重要。创新教育是与接受教育相对而言的，它以继承为基础、发展为目的，以培养创新性人才为价值取向的新型教育。因此我国高校教育必须满足知识经济的需要，改变传统的教育教学方式，对传统教育进行改革与创新，不断培养出国家需要的高质量人才，使学生能够满足社会发展的要求，为我国的社会主义现代化建设作出贡献。

本书主要对当代高校教育与创新进行研究，内容包括当代教育基础理论研究、互联网时代下高校教育思维转变、高校教育理念创新、高校教育教学模式创新建议、产教深度融合背景下高校应用型课程创新与实践、互联网时代高校定制化教学创新研究、高校教育数智化创新实践路向的探索与研究。旨在为相关教育工作者提供理论基础，探寻教育创新的道路。

笔者在撰写本书的过程中查阅了大量文献，在此向文献作者表示感谢！书中难免存在一些不足之处，恳请广大教育同仁和读者朋友们不吝赐教，给予批评和指正。

目　录

第一章　当代教育基础理论研究

教育是一种社会现象，与人类是同时出现并一起存在的。教育和人类的产生、社会的发展，都是紧密联系的、不可分割的。教育不管是与社会还是人的发展都存在本质的联系：一方面，教育为社会的发展、人的发展提供了保证；另一方面，社会和人的发展又不断为教育发展创造更好的条件，向教育提出更高、更新的要求。

第一节　当代教育发展的历史轨迹

20 世纪，经过两次世界大战后，世界格局有了翻天覆地的变化，教育也得到了发展，中等教育已经遍布了全国，职业教育也得到了大众的热爱。

第二次世界大战以后，科学技术让世界的面貌焕然一新，人们重新规划了自身的生命价值和人生态度以及自己的生活目标，同时影响着教育的改革和发展，教育制度和教育观念甚至教育形式等都出现了前所未有的改变。

一、加强学前教育

学前教育在第二次世界大战之前还未得到世界各国的重视，但是在第二次世界大战之后引起全世界的关注，多数国家把学前教育归类到国家教育系统中，同时与小学教育衔接到一起，得到了同等的待遇。

二、强化普及义务教育

义务教育是国家法律教育制度，是指为适龄儿童提供最基本的免费教育。在 19 世纪末，少部分发达国家提出了初等教育的义务教育法，20 世纪义务教育成为评估一个国家是否属于文明国家的标准法则之一。20 世纪 90 年代，全世界有 98 个国家实行免费九年义务教育，部分国家已将义务教育年限扩大到高中阶段。

三、普通教育与职业教育的发展

普通教育和职业教育是两个完全不同的概念。普通教育是升学的基础，主要是以基础性的知识进行教育，而职业教育是为就业做铺垫，它主要为学习现代职业所运用的知识和技能而进行教育。第二次世界大战之前，许多国家都在运用双轨制教育，这两种教育从根本上没有实质性的联系。双轨制教育制度有一个严重的缺陷是受普通教育的学生没办法接受专业技能的教育。第二次世界大战之后，各个国家相继将普通教育和职业教育结合起来，逐渐形成了普通教育职业化和职业教育普通化的模式。

四、高等教育的大众化和多样化

随着20世纪社会经济和文化的不断发展，高等教育也逐渐大众化，高等教育的功能也越来越丰富多彩。知识传授（教学）、知识创新（科研）、知识转化（社会服务）被视为高等教育的三大基本功能。各高校根据自身条件和社会需求选择适合自己的办学层次和办学特色。

五、学历教育与非学历教育的淡化

随着一次性教育向终身教育的转变，获得学历文凭接受教育为目的的情况也随之发生改变，没有学历文凭的社会教育的市场越来越大，这使得学历教育与非学历教育的界限逐渐淡化。

六、教育制度有利于国际交流

交通和通信技术的不断发展让世界变得更小，使得国与国之间的相互理解和交流有了重要的突破，这种趋势逐渐成为一种普遍现象。各国教育制度随之偏向于学历、学位以及学分等方面，国与国之间的教师也不断地进行交流和互相沟通。

20世纪80年代，一种新的经济形态尤其是知识经济开始显现。1996年，国际经济合作发展组织在题为“以知识为基础的经济”的年度报告中，首次提出“知识经济”的概念：一个区别于农业经济、工业经济的新的经济形态正在开始兴起，即一个“以知识为基础的经济”（the Knowledge based Economy）的时代已经到来，把知识和信息的生产、分配和使用作为基本来运作，主要依赖于人力资源和高科技产业及智力最终将知识占整个经济的比例逐渐增大。根据1998年世界银行年度报告统计，1998年知识经济占世界经济总额的比例为5%～20%，到2005年，这个比例扩大到90%以上。知识经济是一种具有信息化和网络化的经济，它对教育的改革提出了全新的要求，它为教育的革命性变化创造了很大机会和条件，尤其在网络教育和创新教育以及综合学科教育等多方面提供了巨大的机遇。

第二次世界大战以后，各国的教育都发生了巨大转变。各国都加强了学历教育，并强化及延长了义务教育，将普通教育与职业教育相互结合，高等教育走向了大众化和多元化道路，学历教育与非学历教育的界限逐渐淡化，教育制度为国与国之间交流提供了很大的帮助。

第二节 当代世界教育发展的趋势

一、教育全民化

目前，全民教育与终身教育已经成为当代最具影响力的教育，两大教育为世界教育的改革开辟了新大陆，同时为世界教育发展和进步提供了重要的保障。全民教育的任务主要以普及教育为主，而终身教育的任务主要以继续教育为主。

全民教育是在社会发展巨变的情况下被提出来的，原因有三：第一，从个人发展的角度来讲，全民教育不仅能使每位社会成员拥有平等教育的权利，还可以使每个人获取生存和发展的基本能力。第二，从社会发展的角度来分析，全民教育不仅可以加快社会经济的脚步，还可以帮助社会和国家走出危机，摆脱贫困，实现最终的繁荣。第三，全民教育能够促使世界文明共同繁荣。

二、教育终身化

在20世纪60年代，终身教育随着国际性教育思想而诞生，终身教育的实施得到了群众的认可。联合国教科文组织认为它是“知识社会的根本原理”。终身教育成为发达国家和发展中国家制定教育政策的主导思想。终身教育实质上是教育革命从教育思想向教育行为转变的过程。终身教育彻底打破传统教育的根基，被誉为“可以与哥白尼日心说带来的革命相媲美，是教育史上最惊人的事件之一”。终身教育尽管提出的时间较短，但是其超强的生命力和影响力已经不可估量。终身教育已成为世界教育发展的趋势，它为社会带来的巨大影响力是功不可没的。

终身教育是指在人生不同阶段应该接受不同的教育。保罗·朗格朗说，把人生分成前半部分和后半部分，前半部分应该接受教育，后半部分接受工作。这样的说法是没有科学根据的，接受教育本身是终身一辈子的事情。终身教育在空间上为学校和社会及家庭扫除了诸多障碍。终身教育所主张的教育不单单是知识的传递，更是贯彻人的全面发展，并不断将个体锻造成具备各种能力和素质的新型人才的教育。

三、教育民主化

教育民主化是20世纪60年代以来世界教育改革的主流。米亚拉雷指出："教育'民主化'已成为所有教育革新和教育改革的一项固有的目标。教育'民主化'是目前全球教育系统演变的一个基本趋势。"教育民主化已成为许多国家主要的教育政策。

教育民主化包括教育民主与民主教育两个方面。前者是民主的外延扩大，主要是把政治民主拓展到教育领域，使受教育成为公民的权利和义务；后者是把教育内涵更深入化，主要把不民主和不充分民主的教育不断变换成民主的教育。前者是后者的前提，后者是前者的深入。

总而言之，教育民主化是指让全体社会成员拥有足够的受教育机会，并接受完美的民主教育。每个公民都有受教育的权利和义务，在教育机会面前人人都将是民主化教育的主体。实现教育平等是教育民主化的中心内容之一。教育机会平等是教育平等的基础。《学会生存》一书指出："可能平等地受教育，这只是求得公平的必要条件，而不是它的充足条件……平等的机会必须包括同样成功的机会。""机会平等是要肯定每一个人都能受到适当的教育，而且这种教育的进度和方法是适合个人特点的。"从目前教育机会均等概念的变化来看，最初仅仅是要求入学机会的平等，换句话说，是初等教育义务的平等；之后扩大到接受教育年限和学校类型以及课程性质的平等；最后，延伸至教育的全部范围包括入学机会、过程及结果的平等。

四、教育信息化

以计算机和互联网为代表的信息技术逐渐推动人类迈入信息化的时代。信息社会正在将人类的生存方式彻底改变，理所当然人类的教育方式和学习方式也将彻底改变。这种改变虽然才刚刚开始，但它的发展速度是前所未有的。对这样的情况，我们必须做好充分的准备。电脑屏幕和互联网正在形成一个既远离我们又围绕着我们的世界，加拿大的科幻作家为这个虚拟世界起了一个名字叫赛博空间(Cyberspace)。这个空间每天都在拓展当中，它将在较短时间内遍布世界的每个角落，并且把人类分成两种人群：进入赛博空间的人群和没有进入赛博空间的人群。这个空间不是空洞的，而是装满了人文景观和完美的图画，把世界上的各种文化都聚集到这里，形成一种极罕见的赛博文化。人类在文化空间里的交流方式和交流工具都会发生不一样的变化，它将突破时间和空间的控制，并将突破语言文字和意识形态的各种控制。

从可见的现实来看，赛伯文化首先对教育来说，它不断地将学生融入赛博空间，同时要确保自己独立思想的能力不受任何影响。关于现代信息技术的运用技能，关于收集和选择有用信息的能力，关于形成和创造个人信息的能力，无疑是教育首先需要研究并且帮助学生掌握的基本信息素养。

从可见的教育形式来看，当教育中出现无线广播和电视技术的时候，群体教学就成了教育理论研究的核心内容，这些技术只有通过不断的探索和测试后方可步入实用阶段；在PC机渐渐到了教育领域后，教育理论研究对个别化教学更加重视起来；之后，计算机网络（主要是局域网）也在教育的范围出现，教育理论研究的重点放到了小组合作性学习；更大的国际互联网融入教育后，教育者又全身心地投入虚拟教育中，由此虚拟教室、虚拟学校之类的新概念就呈现出来。就学校里的老师和学生对于教育来说，他们之间的互动已经是常有的事情，并没有新鲜之感。老师拥有着很多的知识，这是无法替代的，他们扮演的角色也是非常重要的。

现在的教育已经完全推翻了用教材限定教学内容、用教室限定教学对象这种没有新方向的东西。这样也给老师带来了巨大的压力，他们必须不断研究新的教育方式方法。在崭新的教学环境下，怎样打破旧的教育并融合到新的学科知识与教育理论中来，更是教育研究面对的全新挑战。

从更广阔的背景和更深远的意义上研究信息化条件下的教育，教育将在怎样一种文化形态下探讨。例如电脑技术、多媒体技术、网络技术、卫星传导技术等，对于文化的发展来说是一把双刃剑，它既可以迅速、高效、生动地传播各种信息，实现个性化的、互动的交流，也可以威胁和扼杀非主流文化，特别是可能造成人们对于英语信息和多媒体交流技术的依赖，比如对于键盘、对于软件的依赖，我们必须考虑多元化的文化与本民族的文化要怎样在今后的道路中发展下去。教育也要面对这么巨大的挑战，并不断创新教育理论。

第三节 当代中国教育的发展脉络

中国是一个具有悠久文化传统和教育传统的国家，中国的文化和教育曾经对世界特别是亚洲国家产生过重大影响。1905年，清朝政府“废科举、兴学堂”，引进西方学制，中国开始了现代教育。1949年，中华人民共和国诞生，开始了建立具有中国特色社会主义教育事业的探索历程。

一、新中国初期十七年的教育历程

(一)1949—1952 年

1949 年以后的中国教育史,可以说就是一部教育改革史,是一部探索具有中国特色社会主义教育的历史。

《中国人民政治协商会议共同纲领》规定:"中华人民共和国的文化教育为新民主主义的,即民族的、科学的、大众的文化教育。人民政府的文化教育工作,应以提高人民文化水平,培养国家建设人才,肃清封建的、买办的、法西斯主义的思想,发展为人民服务的思想为主要任务。"钱俊瑞在《人民教育》创刊号《当前教育建设的方针》的长文中,更具体地指出:"为工农服务,为生产建设服务,这就是当前实施新民主主义教育的中心方针。"为了落实这一政策并体现教育的人民性,当时主要采取了以下五个方面的改革措施。

(1)将旧学校进行接手并改造,把学校的领导权握在手中。

(2)将旧学制废除同时颁布新的学制,实施全日制学校和干部学校以及业余学校并举的"三轨制",为工农提供受教育的机会,尤其是工农干部。

(3)所有的设施都要为工农劳动人民打开大门。

(4)对教师的队伍进行消除,并改变教师的旧思想。

(5)为了能更切实地为经济建设服务,将高等学校进行院系调整。这一改革措施的实施一直持续到 1952 年年底。

(二)1953—1957 年

1953—1957 年,全国上下充满着学习苏联的热情。教育在"必须彻底地系统地学习苏联的先进经验"的口号下,大量地模仿,有的直接按照苏联的教育模式实施。当时,有大批苏联的教学大纲和教科书被引进来,单单高校翻译出版的苏联教材就高达 1390 多种,各大院校还连连邀请苏联专家讲学甚至参加学校管理,他们大幅度地模仿苏联的学校管理模式,并按照苏联的教育理论引导我们的教育工作。

(三)1958—1966 年

总结前几年的经验教训,我国在 1958 年开始有了符合自己国情的教育模式,不再一味地模仿他国的教育方式,随之一场全新的革命教育逐步兴起。中共中央、国务院于 1958 年 9 月发布了《关于教育工作的指示》,重点强调两点:其一是教育为无产阶级政治服务,其二是教育与生产劳动相结合。中心思想是将生产劳动列入教学之中，抓紧政治思想工作。在未来，学校着手建立工厂和农场已然成为大趋势，强调教育组织与广大人民群众相互配合，学校领导人员与学生相互结合。革命浪潮就此掀开。教育部颁布了《高校六十条》和《中学五十条》及《小学四十条》三个重要条例，从深层次来看，这是对教学工作原则的肯定，解决了教育日常工作中的问题。

二、改革开放以后的教育改革

1976 年以后，尤其是党的十一届三中全会过后，随着整个改革开放新形势和新局面的呈现，中国教育重新向新的历史改革时期迈进一步。

1978 年，我国恢复了高考制度，重新颁布了《高校六十条》《中学五十条》和《小学四十条》，制定了《中华人民共和国学位条例》等，整体上恢复了 20 世纪 60 年代初期的基本措施。

党的十一届三中全会确立了以经济建设为中心的社会主义现代化建设基本路线，并实施对外开放政策。在教育方面，就是把世界各国教育发展的有利经验统统吸取进来，从而将中国教育改革和发展推向新的阶段。在 1983 年，邓小平为北京景山学校题词——“教育要面向现代化，面向世界，面向未来”，这个题词成了之后中国教育改革和发展的策略方针。20 世纪 80 年代以后的中国教育改革正是在这样一个背景下开展工作的。

1985 年，《中共中央关于教育体制改革的决定》明确了我国的教育目的：“教育为社会主义建设服务，社会主义建设必须依靠教育。”同时指出：“中央认为，要从根本上改变这种状况，必须从教育体制入手，有系统地进行改革。”这一《决定》的核心内容是：

(1)在各个地方有步骤有责任地实行最基础的九年义务教育。

(2)将高等学校办学自主权不断扩大，并对高等学校的招生计划和毕业分配制度进行有力的改革。

这两条措施为教育主动适应经济和社会发展提供了条件，为教育实施多元化和创造出具有中国特色的教育打下了基础。

第四节　当代教育与人的和谐发展

一、教育的个体发展功能

教育功能可以概括为两大方面，即教育对个体发展的影响和教育对社会发展的影响，又可称为教育促进人的发展功能与教育促进社会发展的功能。在这一节里我们先对教育促进人的发展功能进行具体分析。

个性是人性的表现，个性是人性的展开。弘扬个性是发展人性的本质要求。个性反映人性，它首先就具有人性共同的一面，然后在此“共同性”的基础上，才显示出其差别性来。个性乃是人性的共同性与差别性的统一。

人性由先天自然特点与后天社会特点组成。反映人性的个性自然也不能例外。如果做进一步的研究，介乎自然特点与社会特点之间还有一系列的心理特点，它乃是先天与后天的“集合”。我们认为，个性是生而具有与后天习得的一系列生理、心理、社会性的稳定特点的综合。这是就其广义说的。如果就其狭义来说，则个性仅指稳定的心理特点，即个性是以世界观为核心的一系列个性特征的集合。

世界观是人们对于整个世界的根本看法，是人们对自然、社会和人类自身的观点体系。从心理学角度看，它是人的心理的最高层次，其心理结构是由认识、观点、理想与信念四个基本因素组成。认识是指通过感知与思维对自然现象、社会存在与人类自身的实质及其发展规律的了解与把握，它是世界观形成的基础；观点是对所认识的客观事物的一定看法、判断和评价，它是在认识的基础上以判断的形式表现出来的，带有一定的情感色彩；理想是基于认识、观点对未来的憧憬和向往，是人的奋斗目标；信念是人们对自然、社会、人类的一定判断、见解、原理与知识的真实性坚信不疑的表现。世界观是知、情、意、行的合　。

自有教育以来，人们就在追求促进人的发展，亦即发展人的个性。但由于“社会关系实际上决定着一个人能够发展到什么程度”，所以在长期的阶级社会中，人的个性很难达到应有的理想的发展水平。有鉴于此，马克思主义便从当时的现实出发，并结合共产主义的理想追求，提出了人的全面发展学说，即主张让每一个人的个性都得到充分而自由的发展，并把它作为人们共同追求的一项根本的教育目标。

二、教育对人的地位的提升

马克思主义认为，个人与社会、个体与集中是统一的，即个性的全面发展只有在集体中才能获得真正的实现。正如马克思主义创始人所说：“只有在集体中，个人才能获得全面发展其才能的手段。”另一方面，集体的发展是以个体的发展为基础的。事实表明，任何个体的发展都要受其所处社会历史条件的制约，最终都是在现存社会生活条件下通过个体所从事的实践活动来完成的；同样，集体的发展程度是以个体发展的程度为标志的。所以，只有把自我实现与社会实现统一起来，才能使人的个性得到应有的良好发展。

三、教育对人的素质的培养

教育要提升人的地位，亦即要发现人的价值、发掘人的潜能、发挥人的力量、发展人的个性，就是要实施素质教育，培养和提高人（学生）的素质。

（一）素质的含义与分类

1. 素质的含义

素质在心理学上是一个专门术语，是人们通过自己感知器官、运动器官和神经系统表现出来的技能反映。所谓的素质教育，其实就是从整体上提高民族素质和道德素质等。

当然，确定素质概念的内涵，单单靠简单的约定俗成是不可以的，还一定要遵循以实取名的原则。人的素质理所应当包含自然素质与社会素质两个层面。素质的基本含义可以论述为：人们从出生以后的自然特点与后天获取的各种各样稳定的社会特点的结合。

2. 素质的分类

目前，有关素质的分类有很多不同的说法，但最基本三类是自然性、心理性和社会性。也可以说，不管将素质分成多少种类，都一定以这三类作为根本。同时，其衍生出的每一种分支都可以归结到这三类当中。必须强调指出，从自然（生理）、心理、社会三个维度来划分人的素质是符合客观实际的。

（二）素质教育与全面发展教育

素质教育与全面发展教育并不矛盾，而是相辅相成的。两者的关系可以概括为：全面发展教育是素质教育的内容或途径，素质教育是全面发展教育的目标或落实。

1. 全面发展教育是素质教育的内容或途径

众所周知，我国全面发展教育的内容，长时期为德育、智育与体育三项内容；20世纪80年代中逐步加进了美育和劳动技术教育，形成“五育”。很明显，这“五育”与前述素质教育的内容是基本相应的。通过全面发展教育的“五育”就基本上可以促成素质教育的实施。同时，更为重要的是，随着经济的发展、社会的进步、科学文化的日益繁荣，对人的素质的要求也会越来越高。这样，作为促进实施素质教育的全面发展教育的内容，也会随之而有所变化、有所充实。

2. 素质教育是全面发展教育的目标

顾名思义，所谓全面发展教育，就是要使学生获得全面发展。全面发展什么，主要指学生德、智、体、美、劳的全面发展。这样分别列举,缺乏一上位概念予以概括,不利于实际教育工作者的整体把握。素质教育提出之后,这个问题便得到了解决。全面发展什么?即可简洁地回答:发展学生的素质。素质便是能很好地概括德、智、体的一个合适的上位概念,它的内涵与外延还可随着时代的前进而发展。

需要说明,全面发展教育并不是均衡教育,更不是削弱个性的教育。全面发展教育更多的是侧重对学校的工作要求,学校应为学生提供全面发展的平台,提供学生符合自己特点的可选择的发展机会,而不是为所有学生提供千篇一律的教育,更不是用一把尺子衡量所有的学生。“多一把尺子,就多一批人才”,这是至理名言。

第二章　互联网时代下高校教育思维转变

第一节　对传统教育管理理论弊端的批判和革除

一、革除传统教育管理的弊端

随着工业管理体制与运行机制的变革，教育必须适应新时代的要求，要从管理体制和运行机制上进行一番改革创新。所以，教育经历工业时代走向大数据时代，正处在一个教育变革期。为此，我们正处在教育弃旧图新的深化改革年代，承担着教育改革的光荣重任。

知识生成是大脑网络结构借助云计算对数据的搜索重构的功能，但传统学校学习只是授受现成的知识，这如同捕捞到鱼而忘记捕鱼的渔具。下面将对传统教育管理中存在的弊端做一分析。

(一)标准化

学习，在传统教育观中一直被理解为上学校接受知识。而在大数据背景下，学习被泛化为实时自主活动与行为，学习成为一个人全部社会生活的基本活动、基本行为和基本状态。

学习，就亲子教育和学校教育来讲只是初级形式，而在大数据条件下，开启人的智力和智慧，使学习真正步入高级阶段。

人在满足生存的物质需求之后，最大的需求不外乎精神需求，即面对现实时内心产生的矛盾与冲突，在电脑前拨动键盘、寻寻觅觅，使思维开阔、内心宁静、意志自由。通过云端学习，靠自己去发现和领悟，不断地达到豁然开朗的新境界。它靠的是自己救自己，再不是教师和教科书灌输的粗浅知识，而是人类精神财富的强烈吸引，是整个世界的排忧解惑的巨大魅力。

学习,可以进学校,也可以不进学校;可以通过“云”游认识生活,也可以通过旅游来体验景观,学习是形式多样的。拨云读万卷书,上车行万里路,互济互补,了解“此在”的世界,回归自然,深入社会,预测未来。但是,传统学校的数、理、化学习只是为得到标准化答案及通过标准化考试,而对于学生创造力培养却无从谈起。

(二)绝对化

传统学习也不能说完全丢弃了意志,教育者的意志还是蛮有威力的。学习者必须毕恭毕敬地依赖教育者的意志,这里充分体现“人的依赖性”,教育者的霸权犹在。因为衡量一个名师、权威教师的标准就是其所教的科目能有多少高分学生,谓之口碑。而唯遵从名师、权威教师的意志才是“一步登天”的路径。在 21 世纪,“学会生存”就要把学习当作一种生活方式,树立终身学习的观念。当学习成为一种生活方式时,另一个关键问题出现——“如何学习”成为头等课题。所以,“学会学习”就成为“学会生存”的必要前提。

(三)片面性

运用生成论可以分析当前学校学习中存在的学习现象,师生夜以继日、战战兢兢地为一张试卷得高分而疲于奔命。这种极端的追求求同思维扼杀了大量求异思维的创新的萌芽。究竟一张试卷体现的高分数有多少创造的价值?除了传授解题技巧外我们教学还剩下什么?只是照着别人走过的路再走一遍,不想开拓寸分。

创造力是什么?它不是对“是”这些现成的题的标准答案的演练,而是对“非”这种存在的独辟蹊径,开拓出新的其他的“是”一将大量的未知变成新的已知。

学习的本质是将新的数据信息纳入原有知识结构中从而形成新知识的过程。当然,机器的发达和人口的增长使就业竞争异常激烈,造成学习竞争激烈。但是,竞争与成功并不是一回事。如果抛弃实质性的创新而单纯地将考试作为升学筛选的方式,那么,在世界这场没有硝烟的大数据高新科技的战争中,最惨的输家将是买椟还珠的人。显而易见,只靠分数排名是难以应对千变万化、纷繁复杂的云计算的。残酷的考试排名造就了一些小有成功者,同时也造就了无数的失败者,更要命的是,这些小有成功者永远不能成为杰出人才。换言之,这种游戏化地从科举到单纯考试的选拔措施在某种程度上成为科学技术发展的障碍,尤其成为大数据或云计算时代教育发展的严重障碍。

就本质来讲,学习竞争一方面是与他人的竞争,但更重要的是同自己的竞争,是今天的自己同昨天的自己的竞争。但传统教育模式下今天的自己无法战胜明天的自己，或者说今天的自己打败的是明天的自己，是用今天的胜利预示明天的失败。从另一个方面看，学习成绩是衡量学习者学习进步的一个重要指标，但它只是一个相对指标，并非绝对指标。

当借助押题高手将题押正，说明应考者在没有掌握更多的知识时却得了高分，而当一个学习者掌握更多的知识时分数也未必是高的，这就是为什么一些优秀生一出考场就抱怨说题出偏了。还有一个不得不承认的因素，出题者的思想导向不一定就是明天的人才发展趋势，其知识范围与大数据时代的要求也不是没有局限性的。

大数据给教育管理带来颠覆性的变革，这些变革是针对工业文明管理理论的，它们是：泰勒的科学管理理论，以动作的时间为研究对象，使学校一切受制于时间的支配；马克斯·韦伯以科层组织管理为研究方向，是我们现在学校的层次管理；法约尔的一般管理理论，注重的是内部职能的平衡，讲的是内部封闭地做一件事，为学校管理所效仿；加之福特的生产流水线，对教育的全面渗透，教育成为“生产”产品的流水线。三大管理理论及流水线生产模式从经济全面渗透到教育。而在后现代大数据条件下，这些代表工业文明的管理理论成为大数据时代教育发展的严重障碍。正如马克思所说：“辩证法在对现存的事物的肯定理解中包含对现存事物的否定的理解，即对现存事物的必然灭亡的理解；辩证法对每一种既成的形式都是从不断的运动中，因而也是从它的暂时性方面去理解；辩证法不崇拜任何东西，按其本质来说，它是批判的和革命的。”在大数据时代背景下，教育应对三大管理思想及流水线管理模式进行彻底的扬弃，实行一番思想变革。

二、对泰勒科学管理的批判

工业文明，科学主义即科学论占据绝对优势，采用的是科学管理的方式，人成为细密分工中生产零部件的机器的附庸，成为“单向度的人”。在科学管理理念上，最具代表性的是泰勒的科学管理理论。在泰勒科学管理理论的影响下，教育也物化为“标准件”的生产。所以，大数据时代的教育，在管理思想上首先要对泰勒科学管理理论进行全面的批判。

泰勒是美国古典管理学家、科学管理的创始人，被管理界誉为“科学管理之父”。在米德维尔工厂，他从一名学徒工一步一步地被提拔为车间管理员、技师、小组长、工长、设计室主任和总工程师。在这家工厂里，普遍怠工和缺乏有效的管理手段成为提高生产率的严重障碍。为此，泰勒开始探索科学的管理方法和理论。他从“车床前的工人”开始，重点研究提升企业内部具体工作的效率。在他的管理生涯中，不断地在工厂进行实地试验，系统地研究和分析工人的操作方法和动作所花费的时间，逐渐地形成其科学管理体系。泰勒在他的主要著作—《科学管理原理》中系统阐述了科学管理理论，使人们认识到管理是一门建立在明确的法规、条文和原则之上的科学。

泰勒科学管理的根本目的是谋求最高劳动生产率，其实现的重要手段是用科学化、标准化的管理方法代替经验管理。正是在这个思想基础上泰勒提出任务管理法，他写道，广义地讲，对通常所采用的最佳管理模式可以这样下定义：在这种管理体制下，工人们发挥最大限度的积极性；作为回报，则从他们的雇主那里取得某些特殊的刺激。这种管理模式被称为“积极性加刺激性”的管理。

泰勒对任务管理法提出了具体的管理任务：第一，对工人操作的每个动作进行科学研究，用以替代单凭经验的老办法。第二，科学地挑选工人，并进行培训和教育，使之成长；而在过去，则是由工人任意挑选工作，并根据各自的可能进行自我培训。第三，与工人亲密协作，以保证一切工作按已发展起来的科学原则进行。第四，资方和工人之间在工作和职责上几乎是均分的，资方把自己比工人更胜任的那部分工作承揽下来；而在过去，绝大多数的工作和大部分的职责都被推到了工人们的身上。泰勒将科学管理看作是思想革命。他在美国国会听证会上的证词中说，科学管理的实质是一切企业或机构中的工人们的一次完全的思想革命——也就是这些工人，在对待他们的工作责任、对待他们的同事、对待他们的雇主态度的一次完全的思想革命；同时，也是管理方面的工长、厂长、雇主、董事会，在对他们的同事、他们的工人和对所有的日常工作问题责任上的一次完全的思想革命。没有工人与管理人员双方在思想上的一次完全的革命，科学管理就不会存在。泰勒提出，诸种要素一不是个别要素的结合的系统原理。泰勒对科学管理理论的思想精要概括为：第一，科学，不是单凭经验的方法；第二，协调，不是不和别人合作，不是个人主义；第三，最高的产量，取代有限的产量；第四，发挥每个人最高的效率。泰勒科学管理理论的影响深远，直到今天，他的许多思想和做法仍被许多国家采用。泰勒科学管理理论提出了一系列原理。

（一）工作定额原理

为提高劳动生产率、改善工作表现，泰勒提出：

（1）企业要设立一个专门制定定额的部门或机构，这样的机构不但在管理上是必要的，而且在经济上也是合算的。

（2）要制定有科学依据的工人的“合理日工作量”，就必须通过各种试验和测量，进行劳动动作研究和工作研究。其方法是选择合适且技术熟练的工人；研究这些人在工作中使用的基本操作或动作的精确序列，以及每个人所使用的工具；用秒表记录每一基本动作所需要的时间，加上必要的休息时间和延误时间，找出做好每一步工作的最快方法：消除所有错误动作、缓慢动作和无效动作：将最快、最好的动作和最佳工具组合在一起，成为一个序列，从而确定工人“合理的日工作量”，即劳动定额。

(3)根据定额完成情况，实行差别计件工资制，使工人的贡献大小与工资高低紧密挂钩。在制定工作定额时，以“第一流的工人在不损害其健康的情况下，维护较长年限的速度”为标准，这种速度不是以突击活动或持续紧张为基础，而是以工人能长期维持的正常速度为基础。通过对个人作业的详细检查，在确定做某件事的每一步操作和行动之后，能够确定完成某项工作的最佳时间。有了这种信息，管理者就可以判断工人是否干得很出色。

(二)挑选头等工人

为了提高劳动生产率，管理者必须挑选头等工人。泰勒指出，健全的人事管理的基本原则是使工人的能力同工作相适应，企业管理层的责任在于为雇员找到最合适的工作，培训他们成为第一流的工人，激励他们尽最大的力量来工作。为了挖掘人的最大潜力，管理者还必须做到人尽其才。因为每个人都具有不同的才能，不是每个人都适合做任何一项工作的，这和人的性格特点、个人特长有着密切的关系。为了最大限度地提高生产率，对某一项工作，管理者必须找出最适宜干这项工作的人，同时还要最大限度地挖掘其潜力，才有可能达到最高效率。因此对任何一项工作必须挑选出“第一流的工人”即头等工人。然后再对第一流的人利用作业原理和时间原理进行动作优化，以使其达到最高效率。泰勒认为管理人员的责任是细致地研究每一个工人的性格、脾气和工作表现，找出他们的能力；更重要的是发现每一个工人向前发展的可能性，并且逐步地、系统地训练、帮助和指导每个工人，为他们提供上进的机会。这样，使工人在聘用他的公司里，能担任最高层次、最感兴趣、最有利、最适合他们能力的工作。这种科学地选择与培训工人并不是一次性的行动，而是每年都要进行的，是管理人员要不断加以探讨的课题。

(三)标准化原理

泰勒把工人多年积累的经验知识和传统的技巧归纳整理并结合起来，然后进行分析比较，从中找出其具有共性和规律性的东西，再利用上述原理将其标准化，这样就形成科学的方法。用这一方法对工人的操作方法、使用的工具、劳动和休息的时间进行合理搭配，同时对机器安排、环境因素等进行改进，消除种种不合理的因素，把最好的因素结合起来，这样就形成一种最好的方法。泰勒还进一步指出，管理人员的首要责任就是把过去工人自己通过长期实践积累的大量的传统知识、技能和诀窍集中起来，并主动把这些传统的经验收集起来、记录下来，编成表格，然后将它们概括为规律和守则，有些甚至概括为数学公式，最后将这些规律、守则、公式在全厂实行。泰勒认为，在科学管理的情况下，要想用科学知识代替个人经验，一个很重要的措施就是实行工具标准化、操作标准化、劳动动作标准化、劳动环境标准化等标准化管理。这是因为，只有实行标准化管理，才能使工人使用更有效的工具、采用更有效的工作方法，从而达到提高劳动生产率的目的；只有实现标准化管理，才能使工人在标准设备、标准条件下工作，才能对其工作成绩进行公正合理的衡量。要让每个人都用正确的方法作业，对工人操作的每一个动作进行科学研究，用以代替传统的经验方法。为此，管理者应把每次操作分解成许多动作，继而把动作细分为动作要素，即动作是由哪几个动作要素组成的，然后再研究每个动作的必要性和合理性，去掉那些不合理的动作要素，并对保留下来的必要成分依据经济合理的原则加以改进和合并，以形成标准的作业方法。在动作分解与作业分析的基础上进一步观察和分析工人完成每项动作所需要的时间，考虑到满足一些生理需要的时间和因不可避免的情况而耽误的时间，为标准作业的方法制定标准的作业时间，以便确定工人的劳动定额，即一天合理的工作量。泰勒为标准化的制定进行了积极的试验。例如，泰勒在长达 26 年的金属切削试验中，得出影响切割速度的 12 个变数及其反映它们之间相关关系的数学公式等，为工作标准化、工具标准化和操作标准化的制定提供了科学的依据。

（四）计件工资制

在差别计件工资制提出之前，泰勒详细研究了当时资本主义企业中所推行的工资制度后提出，现行工资制度所存在的共同缺陷，就是不能充分调动职工的积极性，不能满足效率最高的原则。例如，实行日工资制，工资实际是按职务或岗位发放的，这样在同一职务和岗位上的人不免产生平均主义。在这种情况下，“就算最有进取心的工人，不久也会发现努力工作对他没有好处，最好的办法是尽量减少做工而仍能保持他的地位”。这就不可避免地将大家的工作拖到中等以下的水平。又如在传统的计件工资制中，虽然工人在一定范围内可以多干多得，但超过一定范围，资本家为了分享迅速生产带来的利益，就要降低工资率。在这种情况下，尽管工人努力工作，也只能获得比原来计日工资略多一点的收入。这就容易导致这种情况：尽管管理者千方百计地使工人增加产量，工人也会控制工作速度，使他们的收入不超过某一个工资率。因为工人知道，一旦他们的工作速度超过这个数量，计件工资迟早会降低。于是，泰勒在 1895 年提出一种具有很大刺激性的报酬制度—“差别工资制”方案。其主要内容是:设立专门的制定定额部门;制定差别工资率;工资支付的对象是工人,而不是根据职位和工种。

(五)劳资合作

泰勒在《科学管理原理》一书中指出:“资方和工人的紧密、组织和个人之间的合作,是现代科学或责任管理的精髓。”他认为,没有劳资双方的密切合作,任何科学管理的制度和方法都难以实施,难以发挥作用。那么,怎样才能实现劳资双方的密切合作呢?泰勒指出,必须使劳资双方实行“一次完全的思想革命”和“观念上的伟大转变”。泰勒进一步宣称:“在科学管理中,劳资双方在思想上要发生的大革命就是:双方不再把注意力放在盈余分配上,不再把盈余分配看作是最重要的事情。他们将注意力转向增加盈余的数量上,使盈余增加到有关如何分配盈余的争论成为不必要。他们将会明白,当他们停止互相对抗,转为向一个方面并肩前进时,他们的共同努力所创造出来的价值会大得惊人。他们会懂得,当他们用友谊合作、互相帮助来代替敌对情绪时,通过共同努力,就能创造出比过去大得多的盈余。”

(六)建立专门计划层

泰勒主张“由资方按科学规律去办事,要均分资方和工人之间的工作和职责”,要把计划职能与执行职能分开并在企业设立专门的计划机构。泰勒在《工厂管理》一书中为专门设立的计划部门规定了企业生产管理、设备管理等 17 项主要负责的工作。所以,泰勒所谓计划职能与执行职能分开,实际是把管理职能与执行职能分开,代之以按标准办事。要确保管理任务的完成,应由专门的计划部门来承担找出和制定标准的工作。

(七)职能工长制

泰勒不但提出将计划职能与执行职能分开,而且还提出必须废除当时企业中军队式的组织而代之以“职能式”的组织,实行“职能式的管理”。但事实证明,这种单纯“职能型”的组织结构容易形成多头领导,造成管理混乱,所以并未真正实行。

(八)例外原则

所谓例外原则,是指企业的高级管理人员把一般的日常事务授权给下级管理人员去负责处理,而自己只保留对例外事项、重要事项的决策和监督权,如重大的企业战略问题和重要的人员更替问题等。泰勒在《工厂管理》一书中指出:“经理只接受有关超常规或标准的所有例外情况的、特别好和特别坏的例外情况、概括性的、压缩的及比较的报告,以便使他得以有时间考虑大政方针并研究他手下的重要人员的性格和合适性。”泰勒提出的这种以例外原则为依据的管理控制方式，后来发展为管理上授权原则、分权化原则和实行事业部制等管理体制。例外原则是科学管理的核心问题。

科学管理理论很明显是一个综合概念。其八个方面的原理可以由四个基本组成要素构成：形成一门真正的科学、科学地选择工人、对工人进行教育和培养、管理者与工人之间亲密友好地合作。这四个要素体现出的管理方式基本可以概括为三点：还原论的、自上而下的、基于分工而非协作的。

1. 对还原论的批判

所谓还原论是主张把高级运动形式还原为低级运动形式的一种哲学观点。还原论认为现实生活中的每一种现象都可看成更低级、更基本的现象的集合体或组成物，因而可以用低级运动形式的规律代替高级运动形式的规律。还原论派生出来的方法论手段就是对研究对象不断进行分析，恢复其最原始的状态，化复杂为简单。泰勒认为企业的整体性质可以还原为部分的或低层次的性质。列宁曾对还原论进行过四次批评。还有以德鲁克、查尔斯汉迪等为代表的管理学家从社会生态的视角来考察企业的本体及功能，对泰勒的还原论提出异议。

2. 对自上而下的管理模式的批判

对自上而下的管理模式的批判来自玛丽·帕克·福列特。福列特从整体的、系统的角度来看待组织：“企业管理或者行业组织的第一项测试，应该看企业是否符合以下情况：它的所有部分相互协调，步调一致，紧密结合，各自的活动得到调整，从而互相锁定、互相关联，形成一个运转的整体一不是各个部分的简单堆积，而是一个功能整体或者整合的统一体。”进而，福列特提出：“如果工人接到一项任务，并且得到允许，自行决定如何完成，他们就是在管理。如果工人不做一些管理工作，企业将很难运转下去。”如果说福列特是将管理工作的要素还给工人、让管理者与被管理者之间的区别减弱的话，泰勒则是试图在管理者与被管理者之间实现进一步的分工，将管理的职责完全赋予管理者。因此，泰勒在《科学管理原理》中提出：“作为每个工人各项动作基础的、适用于绝大多数机械工艺的科学，是如此重大、如此深奥，以至于难以对这一科学有深刻的理解。如果没有和他共事或领导他的人的指导和帮助，或者其本人缺乏教育或智力低下，那么，即使他最适合做这项工作，也不能深刻理解这一道理。”泰勒进一步推论：“为按照科学规律办事，管理人员必须接手并完成那些本应由管理者来完成的工作。”

还有以梅奥、麦格雷戈、赫伯特西蒙等为代表的管理学家则从人际关系、组织决策的视角来考察企业中的权力分配与决策管理，对泰勒的自上而下的管理模式提出异议。

3. 对基于分工的批判

对基于分工的批判恰恰来自一般被认为是泰勒推动的流水线。一般认为泰勒的理论促进了福特“流水线”生产方式的诞生。然而，从直接证据来看，泰勒与生产流水线根本没有关联。而从出发点来看，两者之间更是存在根本性的差异，泰勒制是基于分工以及分工下劳动效率的最大化，而流水线则是基于人机之间的协作以及协作后生产效率的最大化，劳动的立足点是在于工人，而生产的立足点则是在于机器。这是一个管理理念的根本转变，而自此之后，泰勒的管理方式已经彻底被西方的管理实践所扬弃。

不同于泰勒的分工论，以戴明、迈克尔哈默等为代表的管理学家则从协作的、流程的视角来考察企业的生产运营过程。

在教育上，泰勒的科学管理理论思想无所不在，以致学校根据校情制定的效益工资、评优条件等激励成为“应试教育”的有效工具。“标准划一”“效率至上”“操作实务”是工业文明时代的主流价值，课程教学深深地打上了“工业化”的烙印，形成“类工业化”的人才培养模式。

我国在“洋务运动”时期引入了西方的教育模式。百年来，人才培养模式虽然随着社会的持续进步而不断地发生变化或变革，但基本上并未触及“工业化”这一先天“基因”。如今，人类已迈入大数据时代，全民普及教育，学校教育赖以存续的背景也发生了天翻地覆的变化，但教育的理念、内容、形式、方法似乎仍然未变，传统的人才培养模式仍执着于以不变应万变。基于工业文明而形成的人才培养模式有以下三个特点。

第一，框架凸显“分析性”。学校教育职能条分缕析，学校管理呈现“分工化”，德、智、体、美、劳各科分而设之，形成各自相对独立的工作体系，各行其是。语文、数学、外语等十多个学科各自十分完整，体系“严谨”，单独施教，学科之间以邻为壑，“风马牛不相及”。第八次课改将原来的物理、化学和生物三学科结合起来，设计了一门新课程一科学，但“分科”的裂痕依然存在，并没有达到“系统综合”的设计理念。

课内外界限分明，课堂教学被视为“主渠道”，而课外活动无足轻重，曾出现的“第一课堂”和“第二课堂”又进一步强化了课堂内外的区分；原本是融为一体的学生认知过程和情感过程，在教育实践中被人为地割裂开来，感知、记忆、思维等认知活动得到无以复加的重视，而诸如兴趣、喜好、信心、自我实现等情感元素则异化为“认知”的仆从。抑或拒斥于学习之外。

第二，形式趋向“标准化”。高度的教学计划统一、内容统一、方法统一、进度统一、评价统一的状况仍未得到改进，整个教育过程严格地受制于特定的标准。诚然，教育必须有目的性、计划性和系统性，但工业化制约下的传统教育过分地强调规格、教学计划和教学安排的统一性和确定性，所提的要求过于具体且充满“刚性”，极大地忽视了学校教育和个体发展的多样化。

第三，机制聚焦“知识点”。教育在本质上是传承与创新的有机结合，一方面它要促成年青一代尽可能地传承人类文明的丰厚遗产，从而实现个体从自然人到社会人的转变；另一方面它要持续地开发个体潜能，使其拥有创新精神和实践能力。但传统知性教学的主要机制是授—受。因此，学科“知识点”是重中之重，逻辑分明。教学计划就是“知识点”均等地“分摊”，然后操纵教师逐一讲授、分析、巩固、考核，并据此考量教学任务完成与否。“千校一面万教一法”“知识点”循序渐进式地累加，构成课程—教学的全部。这样培养出来的学生就是规格统一的“标准件产品”。学校教育普遍显现结果大于过程，规范高于创新，认知重于情感。教育培养的是知识的“容器”，是缺少情感与创新激情的平面人。

在教学过程中，教育者按照自己的主观意志与既定计划来“培养”莘莘学子，教什么、教多少、怎么教、如何评价，诸如此类的主导权在教师，教师成为知识的权威，成为教育的主宰，而学生则在教师的“主导”下按照预定的“设计图纸”和“施工方案”“被学习”。教育理论中有一个虚假命题，即学生为主体，教师为主导。当教师对作为“主体”的学生进行“主导”时，学生的主体地位便荡然无存了。因此，这一命题的实质是真主宰、假主体。

在标准化的统帅下，教学只是在“增量”的物理维度上理解知识，或者说只是在“加砖添瓦”的直观认知中窥探知识增长和人才培养之间可能存在的线性关联。而“灵魂工程师”仍然是最时髦的教育语词。学生处在“被决定”“被教育”的境地。以“劳动密集型”为特征的“题海战术”成为屡试不爽的教育“法宝”。

大数据条件下，教育者必须以生态视野将学习者看作是一个不断生成、不断建构或重构的成长体，是一个既具有认知品质又充满情感张力的生命个体。发展使“一切皆有可能”，因而教育的途径是多元的。生态化人才培养是一个动态的自组织系统，在这个系统中，学生是学习的主体，并且对学习过程发挥着主导作用。恰如对树苗绝不能拔苗助长，“园丁”的职责只是宜时顺应，并通过嫁接、修剪等手段使其自主成长。传统教育将教师在教育活动中的主导作用与学生在学习活动中的主导作用混为一谈，而且每每用前者取代后者，从而导致教育活动的重心偏移甚或本末倒置。

三、对韦伯科层论的批判

德国著名社会学家马克斯·韦伯被称为“组织理论之父”，他于20世纪初提出了科层制组织管理理论。在韦伯看来，科层制是指一种以分部—分层、集权—统一、指挥—服从等为特征的组织形态，是工业社会实施合法统治的行政组织制度。韦伯认为，组织的合法权威有三种来源：习俗惯例、个人魅力、法规理性。而法理权威的最适宜的组织形式是科层制。

韦伯认为，在近代以来的资本主义社会中，科层组织是对大规模社会群体进行有效管理的基本形态。韦伯指出，科层组织是人类迄今发现的管理大型组织的最好模式。相对于传统组织和个人崇拜组织来说，科层组织的实质，就是抛弃人治、实现法治。屏蔽情感、崇尚科学。在科层组织中，由制度规定组织层级、部门划分、职位设置、成员资格，能够形成非人格化的层级机制体系和部门结构，组织成员是否胜任仅仅取决于他的能力，而不是取决于他对组织领袖的个人忠诚和个人依赖。

韦伯提出科层理论有其深刻的社会背景和时代需要。19世纪末20世纪初，随着大工业组织的增长，整个社会生活都发生了巨大变化，政府和各种社会组织也呈现现代趋势。按照西方学者的说法，当时的西方世界正变成一个“组织化的社会”。在城市化、工业化的社会里，前工业时代所采纳的那种简单的社会和政治结构已经远远不能适应现代工业社会发展的要求。新的社会环境导致社会生活充满矛盾和冲突，并时常发生大量社会的、政治的和经济的摩擦。

除此以外，德国国内政治和经济的发展也为科层理论的产生提供了必要的条件和社会基础。19世纪末，德国社会政治形势的特点是两种社会势力的斗争，即与大地主相联系的、日益退出历史舞台的德国容克集团同竭力争取政治独立并日益巩固的资产阶级之间的斗争。当时的德国工业化进程相当迅速，但其发展受到封建制的严重束缚，正处于从旧的、以家族为基础的企业制度向大规模的资本主义企业制度过渡的转折点。韦伯察觉到，当时德国的教会、国家机构、军队、政府、经济企业和其他各种团体，组织规模不断扩大，大型组织日益增加。这些大型组织迫切需要实行管理合理化，以建立一种“稳定、严密、有效、精确”的管理系统。与此相适应，韦伯的科层理论迎合了当时政治和经济发展的需要。

韦伯在《社会组织与经济组织理论》一书中提出完全按照理性建立起来的、理想化的、高效率的组织模式，其基本特点包括：

(1)专业分工。把组织的全部活动划分为若干基本作业,作为公务分给组织成员,专业化的分工可以使工作规范化,提高效率。

(2)权责明确。各种职务都是按照职权组织起来的,每一职位都有明文规定的权利和义务,上下级之间有职位、权力、责任分工明确的结构。

(3)等级森严。组织按照等级原则,从顶层到基层用一条权力线编织成一个金字塔式的结构体系。

(4)纪律严明。建立稳定、详尽的规章制度和办事程序,以此来约束和控制组织成员的行动。

(5)法定资格。每个岗位的人员必须是称职的,组织以法的形式规定了每个职位的任职资格和条件,作为对他们进行选拔、考核的标准和方法。

(6)理性关系。组织内部各成员之间只讲理性,不讲感情,人与人之间是一种完全的非人格化的关系。

(7)固定工资。官员领取固定的薪金,有明文规定的升迁制度。不得利用行政职务之便,获取工资之外的任何报酬。

韦伯认为,这种以责任制为基础、以权力为核心的文牍式的组织管理模式,在精确性、稳固性、纪律性、严谨性和可信性上,都可以达到技术上完善的程度。因为这种纯理性组织排除了一切人格化的因素,不带任何个性化的色彩,而仅仅奉行法律程序和公务原则。在韦伯看来,科层制是一种只追求效率、不受个人情感影响的组织管理形式,它简直就像一架由人组成但并无人情味的运转良好的机器,人只是这架机器上一个个性能良好的齿轮。这样建立起来的组织有利于目标合理化、管理专业化、关系理性化、工作协力化、行为制度化,对提高组织的效率有十分积极的意义。科层制在一定程度上适应了社会化大生产的要求,为当时新兴的资本主义制度提供了一种高效率的、理性的组织管理模式,成为后来组织管理理论研究的基础。时至今日,这种管理模式已经成为各类正式组织的一种典型的结构和组织形式,在社会的各个领域得到广泛的应用。

学校不同于公司、企业等工业组织和行政部门,学校在本质上是一种学习共同体。在工业组织中,成员间的关系是由他人构筑的,而且这种关系已被编入种种等级、角色及角色要求的制度体系之中。在学习共同体中,成员拥有一种与他人同等价值的社会生活。虽然工业组织和学习共同体都需要对其成员加以控制,但是,工业组织依赖于外在控制,而学习共同体则更多地依靠价值观、目的、敬业精神、团队精神、规范以及成员间自然而然的“脑际互联网”的相互依存性。

以往的领导理论往往只根据科层权威、心理权威、技术—理性权威来实施领导职能。这三种方式对于科学知识和科学研究成果是尊重的，但是，学校教育属于科学不发达领域，有关的研究结论常常不能超出人们早已了解的常识范围。以上三种领导方式虽然是必要的，但还远远不够。

在专业分工与权责分明的原则下，大抵实行目标管理。而就学校而言，目标管理与伦理道德价值首先在融合上是很艰难的。因为不是所有价值、目的都能化为目标。况且，传统的领导理论是一种静态的“炮弹”理论，它适合于目标静止不动的稳定环境。在目标静止的情况下，只要确认目标、计算距离和风速、下令开火，就可以保证击中目标。与目标的“炮弹”理论不同的是，大数据时代教育的大多数目标处在变幻莫测、运动不羁的状态中，在教育实践中经常会发现与原来不同的、更新的目标；况且，道德目标不少是隐性的。在这样的环境下，传统的“炮弹”理论已是强弩之末。

在等级森严的制度下，教育领导者常常借助其人格的力量、科层的神通和政治的诀窍，单枪匹马地拉动他的副手、主任和教职工前进。而云计算方法论的新型领导是将学校建设成思想与思想交流、感情与感情沟通、生命与生命对话的心灵家园。在大数据背景下，学校创设的是扁平化管理。在这种制度下，师生享受生活、享受生命、享受学习，享受教学的乐趣。

学校是一种组织生活，缺少法纪约束是不可思议的。但只用纪律约束没有道德宽容的结果是培养“两面派”与双重人格。严是铁，宽是金，校长美德服人心。校长要相信教师和学生的人性是美好的，“春风化雨”是大数据时代教育生态的良好气象。

在理性关系中，学校在权力结构上呈金字塔形，从校长到教师再到学生，是阶层的管理模式。师生的意见或下情上达是一个纵向层层传递且变形的过程。云时代的学校权力结构实行扁平化管理，形成种种横向与互动的网络，较容易促进师生的自我实现。

校长要同教师打成一片，以至于成为教师团体和学生集体中的一员，让师生从内心感受到领导者的平等与和气，让与你接触的任何一个教师，学生或学生家长看到你不是一座“禁锢思想的监狱”，进而放弃戒备、思想开放、畅所欲言。这样，才能在他的意识中不“恨”你，而希望与你交流，把你作为精神生命成长不可缺少的源泉。这样，才能使校长本人也回归校长的本真，有一种高尚与自豪，一种归属感与自我实现。教师对待学生和学生家长也是同样的道理。改革科层化管理为扁平化管理，是大数据教育的重要使命。

四、对法约尔经营管理理论的批判

大数据时代的教育管理,必须对法约尔一般经营管理理论对教育的影响进行透彻的批判与变革。亨利·法约尔是法国古典管理理论学家、古典管理理论的主要代表人物之一、管理过程学派的创始人,被后人尊称为"现代经营管理之父"。法约尔在一个煤矿公司当了30多年的总经理,创办过一个管理研究中心。法约尔于1916年出版代表作《工业管理和一般管理》,标志着一般管理理论的形成。法约尔区别了经营和管理,他认为这是两个不同的概念,管理包括在经营之中。管理理论是指有关管理得到普遍承认的理论,是经过普遍经验并得到论证的一套有关原则、标准、方法、程序等内容的完整体系。有关管理的理论和方法不仅适用于公私企业,也适用于军政机关和社会团体。

法约尔一般性经营管理理论有三个方面:从经营职能中独立列出管理六项活动;提出管理活动所需的五大职能:提出管理的十四条原则。这三个方面也是其一般管理理论的核心。一般性经营管理理论的系统性和理论性强,对管理五大职能的分析为管理科学提供了一套科学的理论构架,一般管理思想的管理原则给实际管理人员以巨大的帮助,其中某些原则甚至以"公理"的形式为人们接受和使用。

(一)六项活动

通过对企业全部活动的分析,法约尔将管理活动从经营职能中提炼处理,成为经营的六项活动:

(1)技术活动(生产、制造、加工);

(2)商业活动(购买、销售、交换);

(3)财务活动(筹集和最适当地利用资本);

(4)安全活动(保护财产和人员);

(5)会计活动(财产清点、资产负债表、成本、统计等);

(6)管理活动(计划、组织、指挥、协调和控制)。企业不论大小,这六项活动总是存在的。这些活动相互联系、相互配合,共同组成一个有机系统来实现企业生存与发展的目的。由于6项活动都需要具有相关方面的才能,而企业员工作为各个职能的具体执行者,必须具备这些能力才能胜任。

(二)五大职能

法约尔将管理分为计划、组织,指挥、协调和控制五大管理职能。

1. 计划

法约尔认为管理意味着展望未来。预见的目的就是制订行动计划。公司的计划要以三方面为基础:公司所有的资源,即公司的人、财、物、公共关系等;目前正在进行的工作的性质;公司所有的活动以及所预料的未来发展趋势。好的计划对企业的经营管理非常有利,一个好的计划要有统一性、连续性、灵活性和精确性的特点。管理人员在制订计划时,要对企业的经营状况有个整体的了解,要有积极参与的愿望,高层的管理人员主要负责制订计划,而低层的管理人员主要负责执行计划。

2. 组织

组织就是为企业的经营提供所必要的原料、设备、资本和人员。组织分为物质组织和社会组织两大部分,管理中的组织是社会组织,只负责企业的部门设置和各职位的安排以及人员的安排。有的企业资源大体相同,但是如果它们的组织设计不同,其经营状况就会有很大的差异。在法约尔的组织理论中,组织结构的金字塔是职能增长的结果,职能的发展是呈水平方向的,因为随着组织承担的工作量的增加,职能部门的人员就要增多,而且,随着规模的扩大,需要增加管理层级来指导和协调下一层级的工作,所以纵向的等级也是逐渐增加的。法约尔非常强调统一指挥,他很反对泰勒的职能工长制,认为它违背了统一指挥的原则,容易造成管理混乱。

3.指挥

通过指挥,能使本单位的所有人做出最大的贡献,实现本企业的利益。而担任组织指挥工作的领导人应具备的素质:对自己的职工要有深入的了解。

4. 协调

协调就是指企业的一切工作者要和谐地配合,以便于企业经营的顺利进行,并且有利于企业取得成功。协调就是让事情和行动都有合适的比例,就是方法适应于目的。法约尔认为,协调能使各职能机构与资源之间保持一定的比例,收入与支出保持平衡,材料与消耗成一定的比例。总之,协调就是让事情和行动都有合适的比例。法约尔认为,有效协调的组织一般具有如下特征:每个部门的工作都与其他部门保持一致;企业的所有工作有序地进行;各个部门、各个分部对自己的任务都很了解,并且相互之间的协调与协作都很好;各部门及所属各分部的计划安排经常随情况变动而调整;公开各部门领导人的会议是使工作人员保持良好状态的一种标志。

5. 控制

控制就是要证实企业的各项工作是否已经和计划相符,其目的在于指出工作中的缺点和错误,以便纠正并避免重犯。对人可以控制、对活动也可以控制,只有控制了才能更好地保证企业任务顺利完成，避免出现偏差。从管理者的角度看，应确保企业有计划，并且执行，而且要反复地确认修正控制，保证企业社会组织的完整。由于控制适合于任何不同的工作，所以控制的方法也有很多种，有事中控制、事前控制，事后控制等。管理的五大职能并不是企业管理者个人的责任，它同企业经营的其他活动一样，是一种分配于领导人与整个组织成员之间的工作。

（三）十四条原则

法约尔将管理确定为十四条原则。

(1)劳动分工。劳动分工是劳动专业化的客观要求，它不是仅适用技术工作和基础岗位，而且应在管理和职能权限划分方面普遍采用。

(2)权力与责任。两者相辅相成，任何一个岗位都是权力与责任的统一。

(3)纪律。纪律实际上是以企业与雇员之间协定为依据的服从、勤勉、积极、规矩和尊重的表示。

(4)一个下属只能接受一个领导的命令和指挥。

(5)统一领导。实际上是指统一的管理思维和计划。领导可以是单人的，也可以是集体的。

(6)个别利益服从整体利益。要注意克服整体与个体之间的冲突情绪。

(7)人员的报酬。付酬的方式很多，人员的报酬应该合理，并有一定的激励机制。

(8)集权与分权。提高下属重要性的做法是分权，降低下属重要性的做法是集权。

(9)等级序列。要确定从最高权威者到最底层管理人员的等级序列。

(10)秩序。每件东西和每个人都应有恰当而合理的位置。

(11)公平。在对待所属人员时管理者应该特别注意善意与公道的结合。

(12)人员的稳定。有秩序地安排人员和补充人力资源，人员特别是管理人员的经常变动对企业很不利。

(13)首创精神。领导和员工都应该同时具备这种精神。

(14)集体精神。团结就是力量。在组织内部要形成团结和谐的氛围。法约尔一般性经营管理理论对学校教育管理产生了重大影响。6项活动，五大职能、十四条原则构成的一般经营管理理论核心为教育全盘应用，成为学校教育管理的一般性理论。

在大数据时代，教学则带来全新的变革。教学互动所带来的变革在于其反映的是联系双方的交互作用，体现教师和学生在通信联系、沟通过程中可能出现的角色转换，通过一定的反馈系统，互通信息，搜集与传递数据，各取所需，共同发展。因而应用于教学上的互动，能有效地使教师及时掌握信息，因人施教，调整教学进程，开展生成性教学。这种全新的教与学实时体现以学生为本，无疑是对传统教学的全面扬弃。基于Web并应用网络教学支撑平台下的互动式教学体现了师生间主体互动。软件设计者可以根据教学的要求设计相应灵活的互动环节，让学生自由地掌握学习进度，随时进行学习调整。而“云”讨论区、电子公告板(BBS)、聊天室等工具则有助于加强师生、生生间的沟通。“云”带给学生的不再是教师严厉的目光和课堂严肃紧张的气氛，而是信息传导与实时反馈。教师以平等的身份与学生互动，展开亲切的对话，聆听和参与讨论，引导和监控。学生可以通过关键词查询，以主人公身份全方位参与网上交流活动。而教师对在互动中的问题进行梳理，并反馈应用到教学中。

传统教学以邻为壑，对广泛的、丰富的实践性知识拒之门外。学生“两耳不闻窗外事，一心苦读圣贤书”，导致很多学生虽高分而低能，不受社会青睐。而网络互动式教学突破了不同领域的界限，具体体现在以下几个方面。

(1)突破传统课堂教学时空的限制，教学从课内延伸到课外，学生可以随时随地将在任何学习环节中遇到的疑问及时反馈，或通过关键字查询找到相应的解答。

(2)突破对学生的限制，在家学习已成为一种新兴的教学方式，在线学习有利于构建完整意义上的终身教育体系。

(3)突破了知识的界限，使知识的广度与深度因人得到不同程度的拓展。学生除了对课堂上未能熟悉的内容可以在课外及时补充并做知识的深化外，还可以利用云资源去进一步拓展课外知识，大大地丰富学生的课外生活，进一步拓宽其知识面。相应地，教师也能拓展知识，在备课中广泛涉猎。应用网络上一个疑问可能会激发大家的兴趣，获得多种的回应和解决办法，这是开放式互动教育的好处。网络作为一个虚拟的空间，大大激发了教学的潜能，让学生进一步了解知识，而教师更可置身其中参与讨论，同时通过教学的评价反馈系统及时反馈，接收第一手的资料，调整教学，真正实现因材施教。

进入后工业时代，教育依托的是云技术，一般管理理论已无法适应在大数据的背景下搭建的平台。一切教学资源在此平台上能快捷配置，使学生与教学资源迅速地无阻碍沟通，省略了大量的中间管理环节，提升了教学效率，学生的个性化需求得到更大的满足。在大数据背景下，教育基本规律显得更加明确，教育必须适应时代，不能让时代适应教育。我们常说，只有合适的教育才是最好的教育，那么只有适应时代的教育才能是合适的教育，从而是最好的教育。跟得上时代步伐的就是最好的教育，跟不上时代步伐的就不是好的教育。传统教学以流水线的形式“生产”人才就不是好教育。为此,教育必须创新,以适应后现代发展。

第二节　对学习者实施关心教育和多元评价

一、对学习者实施关心教育

为保证学生心灵的真善美,教师必须针对"云"的污染开展关心教育。

关心是自然正义,是人类的普遍伦理,是人的高尚道德。关心有其鲜明的特性。

(一)双向性

一个人既是被关心者又是关心者,是权利的享有者和义务的履行者。首届国际儿童论坛《学会关心宣言》明确指出:"我们关心别人,别人关心我们;我们造福社会,社会造福我们:世界缔造我们,我们缔造世界。"该宣言充分体现了这种权利、义务关系。关心是一种交流。在交流中,双方"礼尚往来"地交换位置和角色。

(二)专注性

当我们用手机同对方通话时,一开始就询问:"你最近怎么样?"这就是实实在在地表达对对方的关心。这是询问者对被询问者一种开放的、不加选择的接受,是一种仁爱的情怀。询问的关键是需要注意力的,而这种注意力属于人自身的意志力,这种意志力需要发力者专注于用自己的灵魂接纳被关心者,对被关心者不加选择地接受他的全部。而只有具备专注的能力,才能做到关心。

二、翻转课堂教学模式对学生的评价策略

(一)评价学生的作用

教学评价是依据一定的教学目标对教学效果做出价值判断的过程。通过教学评价反馈的信息,我们可以调控教学活动、激励学生的学习和教师的教学,帮助教师改进自己的教学。作为一种新的教学模式,其教学评价显示出独特的作用。

1.保证学生知识的掌握

传统的评价是为了给学生划分等级,最主要的目的不是为了学生的发展。翻转课堂教学模式的评价建立在帮助学生实现发展的基础上。因此,翻转课堂教学模式的评价可以保证学生知识的掌握。教学评价的好坏在于是否实现了学生的发展,翻转课堂教学模式的教学评价帮助学生明确自己实际知识水平。翻转课堂教学模式的

评价的目的是基于学生的发展，测试学生实际掌握知识的程度。当学生没有达到要求时可以拥有多次机会最终达到掌握要求。当然对于已达到掌握要求的学生，剩余的评级部分基于学生本身的实际情况，学生可以依据自己的情况确定。

2.保证学生公平地位的实现

学生是平等的个体，然而传统的课堂教学，学生被一纸测试的结果划分等级。在现今的学校文化里，学生群体之间更是以成绩来划分。课堂中，展示与发言的机会掌握在少数学生的手中。结果导致“差生”更差，“差生”学习的自信心受挫，严重影响了学生心理的健康发展。教师的评价永远只从学生考试的成绩评定学生的等级，不利于学生的全面发展。

翻转课堂教学模式最大的优势在于：所有学生拥有平等的学习机会，学生在教室里可以得到教师个性化的指导与帮助。教师的目光不再是只停留在少数尖子生的身上，可以更多地照顾到有更多学习问题的学生。学生达到既定的水平就可以达到75%的学业等级，剩下的25%是基于学生自身的实际情况。这在一定程度上保证了所有学生可以达到既定的水平。但是要达到既定的水平，对于接受慢的学生可以拥有多次机会来获得这个结果。这在一定程度上保证学生机会的平等性。美国林地公园高中两位化学老师开创的翻转课堂教学模式一开始本着照顾因各种原因无法到学校准时上课的学生，因此翻转课堂教学模式的出发点就是本着照顾学生的原则。

(二)翻转课堂教学模式的评价体系要解决的关键问题

1.如何知道学生已掌握课程内容

传统课堂教学课堂讲授知识，课下学生完成作业。学生对知识掌握的程度可以反映在学生完成作业的情况上。教师对学生的作业情况予以批改，并没有条件对每个学生的作业情况予以指导，教学进程的安排并不能一味用来讲解学生所做的练习。教师少量的个别辅导并不能关注到急需要得到帮助的学生。学生疑难点没有得到及时的澄清，会影响到下一个知识点的学习与理解。再者对于学生是否真正掌握知识，掌握到什么程度，教师无法通过练习掌握和了解就不能对症下药。翻转课堂教学模式的评价首先要解决的问题即如何知道学生实际掌握知识的情况。只有了解到学生实际的知识掌握情况，教师才能为学生创造各种条件，帮助学生找到问题的症结所在。

2.如何帮助学生进一步掌握学习内容

当了解到学生知识的掌握情况，对于不同的情况教师必须采用不同的方法。对于已经掌握本单元或本节课知识的学生，教师可以给他们布置任务让他们继续学习。

对于知识掌握还存在欠缺或者对知识的掌握没有达到规定水平的学生，教师需要为他们提供个别化的指导。这种指导可以是让学生在教室里的电脑重新观看教学视频，也可以是给学生提供其他学习资源让学生翻阅查找等，直到学生对知识的掌握达到既定的标准。

（三）翻转课堂教学模式的评价体系

对于翻转课堂教学模式，最大的一个挑战在于建立合适的评价体系。这种评价体系在客观上能以对学生和教师都有意义的方式评价学生的理解水平。翻转课堂教学模式的评价体系是在掌握学习理论模式的评价体系基础上发展起来的。它们都以“保证所有学生都能学好”为指导思想，在当前集体教学模式下，辅之以个别化指导，从而保证大多数学生能够达到课程目标所规定的掌握标准。然而，风靡一时的掌握学习最终以失败而告终，其主要原因在于评价体系的主观性。翻转课堂教学模式下的评价体系采用现代技术为学生提供有价值的反馈信息，帮助教师实施翻转课堂教学模式，并使这种模式的实施成为可能。美国林地公园高中在多年的实践中总结出行之有效的评价体系。它是乔纳森・伯格曼和亚伦・萨姆斯两位化学教师在长期实践基础上的经验总结。它很好地融合了形成性评价、总结性评价和美国学校采用的基于标准的分类系统评价的作用。

1. 形成性评价测试

形成性评价是教学活动中根据把握到的中间成果来修订教学计划，进行必要的补充和指导或者根据每个学生的实际情况来安排要学习的内容的评价活动。就这一点来说，它在观念上和在教学活动结束时从整体上对教学成果进行综合检讨的总括评价是有明显区别的。形成性评价是为了及时掌握学生的学习成绩学习态度、情感等的评价，以此激励学生的学习，帮助学生监控自己的学习过程。

在翻转课堂教学模式下，形成性评价的主体是学生。教师告知学生本阶段的学习目标，并给学生提供完成学习目标必备的学习资源。但是学生被要求给教师提供自己已经学习过这些学习资源的证据。若不能提供证据证明自己正在向学习目标行进，教师必须快速了解学生的知识理解水平并当场根据学生的具体情况制订补救计划使学生“倒车”，学习他们未掌握的内容。当然，教师可以根据学生具体的情况提供不同的补救性措施。例如，教师可以让学生重新观看教学视频再次了解本节课要知道的内容，或者给学生教材资源让学生查阅相关资料等。

在乔纳森实施的翻转课堂教学模式里，他把掌握学生实际学习情况比喻成“GPS”，既有追踪定位的作用，又有导航的作用。同样在此阶段教师的作用就是及时了解学生的知识的掌握水平同时给予及时的指导，帮助学生走上正确的“轨道”。真正有效教学的原因不是仅仅看学生是否已安全到达，而是看学生在哪个水平。

教师与学生接触中，主要以对话的形式交流。具有教学经验的教师确信自己的学生理解教学目标，教师的任务就是提供教学刺激，推动学生进行他们可以达到的更深入的学习。为更好地了解学生实际的知识掌握水平，乔纳森提出了提问策略在形成性评价阶段中的应用。对于如何提升这种能力，乔纳森认为这是建立在教师个人素养之上的。他和同伴亚伦的建议是：多与学生沟通交流，理解学生，学生是潜在的、发展中的个体；学习学生的思维方式；帮助他们学习怎么样高效地学习，中国有句古话叫“授人以鱼不如授人以渔”，讲的就是这个道理。教师了解自己的学生，因为教师了解自己学生对教学目标的理解达到什么程度。教师提问的难易程度基于学生的理解水平。学生对知识的理解水平在不同的水平，教学的主要目标是实现学生的成长。

2. 总结性评价测试

在翻转课堂教学模式下，形成性评价在学生对知识内容和学习材料理解上尤为关键，它在学生知识架构的形成中扮演着重要的角色。然而，翻转课堂教学模式同样需要总结性评价，学生可以陈述教师对学习目标的掌握度。

翻转课堂要教会学生对自己的学习负责。当然并不是所有的实施翻转课堂教学模式的学校都采用一种总结性评价的模式，具有不同历史和文化背景的学校采用不同的总结性评价的方式。乔纳森·伯格曼和亚伦·萨姆斯针对翻转课堂教学模式多年的实践总结出在总结性评价环节应该注意的相关问题。测试阶段最重要的问题就是测试的完整性问题。翻转课堂教学模式所进行的总结性评价是在一个无监督的环境中进行，会出现学生作弊等现象。两位老师作出调整，把测试尽量安排在课堂中进行。在教室里设置 6 到 7 台电脑，每次测试都有进入系统的密码，当学生准备好测试的时候输入自己的密码便可进入测试系统。两位教师在实施中采用 Moodle 平台，它是一个开源课程管理系统（CMS），也被称为学习管理系统（LMS）或虚拟学习环境（VLE）。它已成为深受世界各地教育工作者喜爱的一种为学生建立网上动态网站的工具。为了正常运行 Moodle，它需要被安装在 Web 服务器上，无论是在自己的电脑或网络托管公司，它实现了对学生所做的测试直接进行评分，把教师从大量、繁琐的评卷中解放出来。

3. 基于标准的评分系统

在学校，学生仍然需要学分来证明已完成此课程的学习，因此教师必须对学生的学业水平进行分级。如何使翻转课堂教学模式的评价在此种评价体系下实现评价方式的改变。这种改变对于学生学习能力的培养至关重要。林地公园高中的两位教师提出一种混合式的评价体系:部分采用基于目标评分+采用传统的A—F评分。两位教师提出在成绩进入学生成绩册之前,总结性评价在学生的评分中占50%,学生必须在每次总结性评价中必须达到75%。剩下的50%的分数是学生基于自身的实际情况进行提升的形成性评价的部分。

每个学校都有着自己本身的评分系统,实施翻转课堂教学模式的学校并不是要完全摒弃其之前的评分系统,而是能够将原有的评分系统在一定范围内进行创新,使原有的评分系统很好地与视频教学这种教学模式相配合,更好地实现学生的终身发展。

第三节　创新精神和实践能力培养

一、巧设“微情境”,激发学生学习兴趣

教师在进行微课教学时,要借助“微情境”来活跃教学气氛。“微情境”教学可以体现在新课程内容、当堂检测、课后反思上,还可以体现在学生预习的规划情境设计中。教师在教学过程中可以通过开展娱乐性较强的活动和录制精短的微视频来设计“微情境”,要引导学生参与课堂教学的互动,同时为学生接下来开展的课堂探究、学习反思等准备条件,增加教师微课教学的感染力,从而进一步激发学生主动参与课堂教学的积极性,增强对学习的兴趣。另外,教师可以通过多种形式的问题化、生活化、形象化教学内容来设置“微情境”,引导学生积极参与到课堂学习中来,激发学生求知欲望,提升学生学习的积极性和创造性。

(一)微情境素材来源

创设微情境,首先要有相关的素材。根据素材搜集来源可将素材分为三种。

1. 历史文献素材

中华传统文化内容丰富,种类多样,思想深邃,是我们的精神宝藏。传统文化中许多的文字、诗句、典故都蕴含着做人的道理、处事的方法等。教师要善于积累这些历史文献素材,包括古代的寓言故事、古典诗词、名人典故、经典书籍等,创设微情境。教师只有多读书,才能做好历史文献资料的搜集积累工作。

2. 现代网络素材

随着信息技术的发展,网络信息查找更加方便快捷,信息的传递更加高效、及时。

网络新闻、网络视频、网络电影、网络音乐等已然成为德育素材的材料文库。在花样纷繁的网络资料中，教师要根据德育的实际需求，选取适合教学、有价值的情境素材，并根据教学的需要，对素材进行筛选和编排，创设微情境。

3. 师生自制素材

历史经典与现代网络并不能完全满足我们的需要，很多的素材学生已经了解，并进行了相关学习。运用这样的素材进行情境创设，很难激发学生的兴趣，引发学生的思考。因此，在班级生活中，教师要注重班级资料的积累，包括班级活动、运动会、学校的各种比赛等相关视频、图片搜集整理，以及学生生活中文字资料的搜集整理，如信件、贺卡、日志等。同时，可以根据主题班会内容的需要进行案例展示或作为表演素材、制作视频素材等。

（二）微情境创设

创设情境是为教学服务的，运用情境是为学生的学习而服务的。学生需要怎样的情境？怎样的情境才能激发学生的情感，触动学生的心灵，拨动学生的心弦？教师要遵循教育规律，站在学生的立场进行微情境的创设。

1. 情境呈现，短小精悍

微情境是微小的情境，在创设微情境时教师要注意体现情境的“微”。教师要根据主题班会的教学需要搜集素材，并对所搜集的素材等进行整理和编排，创设微情境。如果是文字展示情境，文字量最好为150－200个字符；视频、音频等情境，时间最好控制在3分钟之内，时间不宜过长。文字量过大或者情境时间过长，将影响到学生的阅读，致使情境的即时效应延迟，无法达到相应的教学效果。其次，教师要对教学情境中的表现内容进行精简与锤炼，删除无用信息或者是不准确的表述，避免对微情境表达内容产生影响，做到短小精悍。

2. 情境选择，贴近生活

情境创设要能激发学生的兴趣，或引发学生的思考。所以微情境内容的选择要生活化，要符合学生的心理特点，遵循学生的认知规律，贴近学生的生活实际，避免出现过于专业、难以理解的文字等微情境。例如，在主题班会中，教师可以根据当时的热点事件创设微情境，教师将要表达的内容用图片与视频相结合的方式，并设置情境问题。引入主题，并运用了新闻事件的及时性，使素材来自现实生活，来源于我们的身边，激发了学生的兴趣。同时，学生通过观看微情境，被吴斌的事迹所感动，在感动中引发了学生对责任的思考。

3. 情境设置，利于交流

微情境设置要有利于学生的对话与交流。教师创设微情境，是在教师对所搜集的材料进行品读和感悟的基础之上展开的。教师作为情境的编写者，第一时间与情境材料进行对话与交流，要对我要教什么、我采用该情境的目的是什么、学生会怎样学等情境进行界定。然后跳出编写者的思想意识，联系现实社会生活情境进行再次的对话与交流，精选教学素材，编写微情境。学生对情境是陌生的、新鲜的。学生会根据自身的生活经验、已经具备的情感、态度和价值观，对情境进行分析和判断。由于学生的生活环境不同，对待事物的情感价值观也不同。

在此过程中，教师要充分考虑到学生的实际情况，创设的情境让学生有话可说，利于学生的交流。例如游戏活动型的微情境：一个装满水的杯子，将回形针放进去水会溢出来吗？如果水没有溢出来，杯子最多能放多少个回形针呢？此情境就让学生有话可说，因为每个人在实验游戏的过程中得到的结果是不一样的，通过交流彼此的成功经验，体验游戏中蕴含的睿智方法和人生哲理。

二、开展“微探讨”，激活学生的发散思维

教师在进行微课教学时，要把学习的主动权交还给学生，使学生“主动寻找问题”“主动汲取知识”“主动深入探析问题的答案和解题过程”，只有这样，大学牛的创新思维才会得到充分发挥。首先，课堂探讨是激活学生发散思维的重要环节。课堂探讨可以提高学生主动参与学习的积极性，活跃学生的思路，增强学生学习的兴趣，从而提高学生分析解决问题的能力及口头表达的能力。只有学生对学习的兴趣提高了，思路开阔了，创新思维和创新意识才能真正得到提升。

三、利用过往“微案例”，增强思维动力

教师可以“微课”视频形式对课前预习进行划分知识重点，引导学生开展探究。教师提前将预习的课题、“微课”视频通过移动终端传给学生，让学生进行自主学习，可以将不懂的问题或不能解答的问题拿到课堂与师生探讨。上课之前，教师首先查看学生的预习情况，分析出现问题的原因，在课堂教学中，教师要与学生一起探讨难题并且找到解决办法。在课堂教学结束后，要对学生知识和能力的掌握情况进行检测，巩固已知和所学。在这一系列的过程中，学生主动观看“微课”视频中的相关案例，对新知识产生初步的印象并加以理解，学生从以往的简单的“信息接收者”变为主动的“信息发现者”“思维历练者”“问题思考者”。在进行“微课”教学过程中，有目的

性地解析学生在思维中所出现的问题，不但可以丰富教学手段，有针对性地解决在教学中出现的难点问题，还会促使学生形成良好的学习习惯和思维方式，最主要的还是能极大增强学生的创新精神和创新意识，提高学生主动学习、主动思考的积极性。通过多种思维方式的灵活运用，不但可以帮助学生将不规整的知识点和资源组成一个系统融合在一起，极大地提高学生的学习效率，“微课”教学还可以将问题汇集在一起，使学生聚集在课堂上共同分析问题的解决方法和途径，化解教学内容中出现的难点和疑点，从而形成合理的评价意识和养成研究探讨问题的习惯，生成学生“思维”活跃的动力。

四、巧引“微反思”，在自我反省中提高学习效率

“微反思”是微课教学中不可或缺的重要步骤。教师在进行课堂教学的最后，必须重视课堂总结，要求学生在课下做好学习反思。教师要引导学生对学习中遇到的疑难问题进行反省和思考，在对取得成绩表示肯定的同时也要对自己的不足进行检视，并且尝试找到新的解决方案，提升自己的创新精神和创新能力。只有准确及时地开展学后反思，学生才可以更好地进行自主学习，更快地提高自主学习能力，从而在自省中拓宽学习的新思路、把握新方向。

第四节　全脑思维：高概念、高感性

在概念创新过程中，多种因素起着不同的作用。在思维创新与知识生成的过程中，六类知识相互作用，发挥不同的作用。

一、感知

人类的进化最辉煌的成果是通过感知无数的外界信息与数据求得知识。实际上这是人在自然和社会中生存的一种同态调节机能，目的在于保持个体与外界的同一性。这是人的大脑为此做出新的适应所必需的思维变构能力。这种能力是原有概念通过对从外部获取的数据所生成新知识的内部过程，从而达到最优化的适应及创新状态。

二、潜认知

潜认知是人的认知过程中大脑作为主体的积极运作方式。潜认知是大脑内在

的、隐性的活动过程，同时构成显性推理的依据。潜认知由儿童早期学习中获得的心灵反射构成，演化为内在推理。儿童一般到4岁的时候就掌握了母语。在日常生活中，有大量的信息是不经意而习得的，这是人类早期学习的体现。潜认知包括无意感知，无意识记、无意再认，无意表象、无意想象，非言语思维、无意注意、无意体验等，它是对认知客体的一种不知不觉的认知过程，同时是对客体的不知不觉地内部体验。潜认知的表现形式主要有灵感、顿悟和直观思维，可谓“此时无声胜有声”。

三、认知

学习是认知活动，是对问题从未知到已知的转化，它导致心智结构的内在变化。学习来自人的大脑对新旧数据的炼制过程，思维将新信息与自身所调用的知识展开对峙，生成更适于回应自身疑问的新意。这种知识生成是通过内在思维活动的冲突并借助同辈或教师的外力辅助，通过旧知识的干预和新旧概念通过数据密码的对质而实现的。它虽然能引发心灵的内在振荡与不安，但这种作用能引发新知识的重构。

四、元认知

元认知来自心灵反馈的思想方法，是反省认知性知识的表现形态。元认知源自社会文化层面。为了进行知识的炼制，学习者必须退后一步，在二级层面上，即元认知的层面上进行自我拷问。反省认知的思维变构是重要的心灵“唤醒”活动。元认知在学习过程中起着牵引的作用。

五、情感

人的情感是最丰富的，如惊讶、愤怒、美感乃至幽默感等，它与人的智力活动相伴到永远。情绪建立在一种生物基质之上，这一生物基质是因干扰神经元网络的神经传送介质的出现而发生的。情感伴随着特定的氛围而发生。美好的情感极大地激发思维的创造性和潜能。因为一个人只可能学习能打动他或是吸引他的东西。人对于自己无动于衷的事物是不感兴趣的，而不感兴趣的事物是不能激发内部动机、不能形成学习动力的。

引发情感的是情境。在任何情况下，学习者都必须感受到被关联、被召唤、被质问，特别是他必须为学习而找到情趣，兴趣、志趣、情感、态度以至于价值，当新知识十分复杂或是必须借助形象时，就更需如此。

人先天带来的动物性本能即情绪，情绪是儿童主要的反应与交往方式，直到成年这种情绪色彩也保留着。儿童的认识表象总是带着感情色彩，在描绘物体形象时，儿童总是捕捉最强烈的感受，丰富的想象、联想靠情绪的火花点燃。我国著名学者孟昭兰指出："意识在人类身上的发生，发展，以及与认知系统的整合，都是情绪的功能。""意识的第一个机构的性质，基本上是感情性的。"整个人的成长过程都要靠人的情绪的适应机制，包括正确辨认、释读别人的情绪：理解别人的感受以适应社会的需要，包括控制自己情感的外部表现以适应文化环境，还包括借助情感的表达功能实现人际情感沟通和情感认同。不解决情感表达问题，通往知识的路便紧闭着。

在哲学家的思维中，情感是人生的原动力，它内在地蕴含着人生的哲理。社会学家重视人的情绪流向、情感氛围，把情感看作社会的敏感测试器。人类学家、文化学家视情感为人类的文化积淀一人类精神、信仰、制度、风俗、习惯最稳定的内核。人的情绪构成根本的"内在动力"，情绪作为一种能量，是构成认知的先导：人的行为和认识所需要的内在动因最终要以情绪的形式来表现。这也正是孔子说的"知之者不如好之者，好之者不如乐之者"的本意。人的认识并不一定导致行为。从认识到行为发生，其中介是情感为核心的意向系统。情感在其中作为评价的震荡机制使人选择某种行为并使它现实化。这也就是晓之以理、动之以情、导之以行的应有之义。

一个人的情感色调（情调）具有唤醒、调节和满足自身心理需要的功能。传统的偏理智的教育使学生的知识虽然丰富但缺乏感动之心和"体谅"，导致人的"感受性"的衰弱，很难产生真正闪闪发光的东西。总之，没有情感，就不可能有学习，它们是整个学习过程的"发动机"和制动器。此外，情绪，如乐趣、愿望、喜悦使信息具有某种分量，能够促进对信息的筛选，并赋予信息以重要性，增进记忆。通过情感的感情因素，学习者从中找到自我认证和自信。

六、意向

人的思维实时保持着意向状态。产生意向的因素有对"知道"的需求、理解某种现象的愿望、对问题缺口的召唤。为此，意向对学习的推动可以是直接的，即迈向一个预想的目标；可以是间接的，如乐之为之，或给自己关于自我的图景等。

在大数据时代，人的思维方式将发生根本性的变革。左脑统治的逻辑、线性，基于推理的思维方式将成为过去时，取而代之的是一个全新注重右脑的思维。创新将引领世界。道理很简单，大数据可以替代人的左脑，而人类要做云计算无法做的事情，并且驾驭大数据。为此，实现伟大的中国梦，就必须大力培养中华民族下一代的全新思维。一方面开发掌控大数据的新能力，另一方面"按美的规律构造"，用高概念、高感性参与竞争，否则，只是镶嵌在云计算中，就会陷入还原论的窠臼。在人类漫长的进化中，在这个大数据时代，右脑醒来了。在右脑醒来以前，人们习惯于左脑思维，就像用右手(左撇子除外)劳作一样。

培养大数据时代的新思维，意味着呼唤教育新思维。这就要求教育工作者彻底摒弃陈旧的思想观念，与时俱进，用全新的理念和教育方法开发新一代的潜力，培养未来建设者的新思维。这是教育者重大的历史责任。

感性时代即创感时代，“感”是指感性，即审美能力：“创”是指创新、创造；“创感”，通俗地理解就是“按美的规律构造”。

如何引导学习者“按美的规律构造”培养创造力，是一个教育实践问题，也是关系脑科学的全脑思维的理论问题。

用一只手握成一个空心圈，轮流睁一只眼闭一只眼地窥视前方的某一个东西，你会发现每一次看到的是不同的景象。这是因为两只眼睛的优势是不一样的，它们属于功能不同的感受器，而背后是两个特别复杂的视觉神经分系统。左右脑在结构上是不同的，因而思维功能都是各有侧重的。

左右脑两半球靠胼胝体联结。胼胝体位于大脑半球纵裂的底部，连接左右两侧大脑半球的横行神经纤维束，是大脑半球中最大的联合纤维。

全脑思维是综合创造性思维，它可以从多角度、多视野去生发和联想，没有给自己设下太多的思维禁区，可以任意改变思维方式；它无正确、错误之分，无所顾忌：它不必循规蹈矩、按部就班，更没有固定的模式，新颖、独到，变通、灵活是全脑思维的特点。全脑思维的精髓就是标新立异、打破陈规，它不受现成的知识和方法的束缚，能独特地发现问题，“调方”地提出问题，多角度、多层面地分析问题和解决问题。

在大数据时代，特别提倡全脑学习及全脑教育，开发全脑综合功能。全脑学习即充分调动左右脑中各个区域参与学习活动，平衡发展，开发大脑潜能。全脑学习是由知识的学习、方法技能的学习和情感态度的学习构成的。全脑学习调动学习主体全部的积极因素，投入训练人类高智商、高情商的学习活动中，从而把自己培养成为创新人才。

对此，教育必须变单纯的传授知识为综合能力培养，树立教育(包括学科教育)是为了“整体的人”的发展的教学观。解放学生的五官、双手和身心，创造一个愉快、自主、积极向上、革新的教育环境，让学生成为全脑学习、自主创新的主体。这就要求教育者必须以学习者为本，实施关心教育，在倾听、微笑、点头、分析、鼓励、赞扬、赏识中给学生的思维松绑：变线性的、平面的、孤立静止的思维为立体的、网络的、全息的、动态的思维，坚持综合、全息、和谐、统一。在翻转课堂、微课程和混合课程中，教育者要通过点拨、引导、帮助学生寻找资料，获取思维与创新的线索与信息：帮助学生自己确定目标，自我设计、自我教育、自学、自导、自我管理，养成良好的学习和行为习惯；在自学的基础上组织启发教学和讨论教学，协同探究，用头脑风暴法使脑际思维激荡，引发创新。

首先要体现在课堂思维教学改革上，要求教育者在翻转课堂、微课程和混合课程以至于慕课中构造美的课堂、智慧的课堂、创造的课堂、开拓的课堂。

先以培养讲故事的能力为例。要培养学习者讲述自我创新、自我超越的故事的能力。这是培养学习者情节构建能力和创新叙事能力。创感时代，关注的不只是创造出新事物，更重要的是如何把新创造事物更感性地表达出来。一个人能说出自己的故事，往往比生硬的陈述更加有说服力和感染力。不但如此，还要让学习者用“数字故事”即用音像文字来讲述自己的经历，表达自己的丰富情感和思想境界，要培养学习者的综合统整的感性能力。一名优秀的科学家同时是艺术家、工程师，不但要懂得实体设计，更重要的是懂得程序设计，故事编剧美工、音乐等比素材本身更重要。在工业时代，曾经单一领域的专业知识能够使人获得成功。但是在大数据时代，工作都要求综合能力，即不但有多种知识和技能，还要有艺术才华。

高校应如何着手培养大学生的创新精神和实践能力呢？高校应加强学习者文化修养和多元学科背景的培养，文学艺术能够提升学习者对生活的感知力和想象力，促进直觉和灵感的迸发，是创新的肥沃土壤。多元学科背景能够打破线性思维，产生立体思维，扩大创新源，取得原创性成果。

对外经济贸易大学在学科建设和课程设置改革方面，着重加强学生主体性、知识前沿性和学科的交叉性，培养学生创新创造能力。学校在课程改革中，推广辅修专业，打通公共课平台，实现辅修专业与主修专业的学生同班学习同等考核，实现全校学生在经管、法学、文学与艺术、人文基础、数学、英语等 9 个通识教育基础课程模块中自由选择。比如搭建促进大学生全面发展的思想引领，通识教育、国际培养、学术科研等素质教育十大平台，引导学生针对活动课程要求进行自主开发、自主选择、自主评价。

再以共情能力为例。共情能力是设身处地地认同和理解别人的处境和感情的能力，站在别人的立场上，将心比心地换位思考，理解他人的感受。具有共情能力的人会时常反思。多少年来，人们一直都想赋予电脑情感的智能，但是即使是情绪运算领域最杰出的科学家也没有在此方面获得多少进展。“情绪机器人”所有的“情绪”都必须经过人脑去编程设定,不会自主对周遭事物做出反应。尽管电脑有强大的逻辑运算能力,但仍然只会从事低级简单的工作——执行人设定的固定程序。而美感共情恰恰就是价值观。因为美的才是善的,共情即善。因此,在强大的云计算面前,电脑所不具备的不能被复制和替换的共情能力变得越来越有价值。所以,如何丰富学习者的审美共情能力是教育的永恒性课题。

第三章　高校教育理念创新

第一节　创新时代呼吁创新教育

21世纪是一个创新的时代，我国正面临着科技迅猛发展、知识经济兴起、综合国力竞争日趋激烈的新形势。教育部门作为科技和知识经济的前沿阵地，应当具备紧张感和紧迫感，面对国际竞争在人才方面的压力，顺势转变传统的教育模式，适应知识经济的发展需求，教育创新急需提上日程。

一、创新教育的概念

（一）创新教育概念的提出

“创新”是一个有着丰富的含义的概念，可以从多个方面进行阐释。许多研究者都以创造性观念为基础，在此就不一一列举了。然而，若从更深层的层面来剖析，我们会发现，在对教育的价值内涵的各种剖析中，隐藏着两条传统的教育价值路径的辩论。

一是坚持以实用为本的教学理念。这种教学理念相信，教育就是为自己的事业打下基础，而社会的要求，就是个人的要求，也就是对教育的要求。教育发展的终极目的是人的发展，而衡量其效果的尺度为是否符合社会需求。本书认为，在我国，创新是我国知识经济发展的第一个突破口，而在知识经济中，必须培育出创新型的人才，所以，必须大力倡导创新；学校所培育的创造性的人才必须与知识经济的发展相匹配。二是以理性为本的教学理念。理性主义的理论指出，个人的合理发展是衡量一个人的唯一的尺度。由此可以推断，创新是人类自身的基本性质，而教育应为人类创造性“类本能”的发展提供条件，从而促进其整体建构与发展。创新教育是培养和激发教育对象创新意识和创新精神的重要内容；创造性教育，是指符合人的创造性本性并使其全面发展的一种教育。这两个推理的过程，即从人的发展和人的需求出发，推断出创造性的教育的必然性，进而对其含义进行解读。

教育与人、教育与社会之间的联系，是教育研究中的一个永远的话题。教育作用是人与外界的交互作用。一般指的是已经发生或将要发生的教育行为，特别是由于教育行为而引起的改变和影响。教育是一个重要的组成部分，它是一个社会的传承与发展的桥梁，它的发展也是衡量一个人的重要指标。教育具有引领社会变化和发展的能力。尽管在某种程度上，社会发展对教育发展的内容、形式等都存在某种程度的限制，但其发展对于人类的发展具有显著的促进作用。在影响人类发展的诸多因素之中，推理教育的作用日益突出。

从受教育者的角度来考察，教育不仅仅具有社会性的功能，更具有个性的个人机能，有利于推动个人的发展。在当今的时代，毫无疑问，教育是个人生存的基本方式、基本要求。教育在当代社会中具有特殊的重要性，在个人发展过程中扮演着主导角色，主要体现在：一是作为一种以目标为导向的培养型活动，引导个人发展；二是对于受教育者的作用比较深刻和全面、系统和科学；三是教育对个人遗传因素和社会环境因素有一定的影响。在过去的发展中，尽管存在着强调个人作用与强调社会作用的各种观点，但事实上二者是相互关联的，个人与社会之间的客观矛盾是从个人职能和社会职能的纷争开始的，而教育的目的与追求就是要将二者的作用相统一。

现代世界已经不仅仅是科技和产业了，人类的发展也是一个重大课题。教育在与人的身心发展的规律协调的同时，也应该与人的发展规律协调起来。在个人成长受到阻碍的时候，教育就有责任对其进行批判和指导。在知识经济社会，教育不再是消极地顺应社会需求，而是积极地引导社会进步、创造社会未来。

（二）创新教育的基本内涵

创新和教育是对人的本性的认同，它赋予了人的生命活动以创造的能力，是一种新型的创造性教育。从结构上讲，创造性的智能素质与非智能素质是创新教育的两大基本素质。

思维能力素质和知识素质构成创造性的智能素质；而创造性的非智能素质取决于创造性的思考与活动的情感、意志等。所以，在教学的内涵上，应该包括创造性的培育和培养。

创意能力包括创意和创意运作。创新思维包括想象力思维、联想思维和直觉思维；而创造性的动手能力是指掌握和应用创造性技术的动手能力，创造性成果的发表和表达、表现和物化能力。创造性是创造的内部影响和主观因素，而创造的力量的增强就是对创造的合理支撑。在具体的教学活动中，学生的创造性和创造力呈现一种相互影响的交流状态。开展创造性的教育，首要任务就是从增强创新意识入手，把创新意识作为核心，把创造技能作为终极目的，引导大学生整体质量提高，共同提高。创造性的教学内容很多，从学科的视角来分析，创造性的创造包含认知、动力、个性和行动四大系统。

创新的动力体系是创新的发动机和推动力，它包含创新意识、创新需求、创新动机等。创造性活动在某种意义上是由创造性激励和维持的，而创造性活动具有激活、引导、维持和调节作用。在这种激励下，人才能够激发出强大的创造性动力，从而使其潜能得到最大程度的开发。在教学过程中，应使大学生具有创新的自豪感和勇于创新的意识，激发他们的创新动力和创新热情；维持他们的高层次的好奇心和求知欲望。

创造性思维是一种涉及注意、感知和记忆的认识活动；在思想方面，创新思想是最重要的。创新思考是以目的为中心、以任务为前提的思考方式，以充分地运用现有的知识为依据，进行主观的、独特的、社会的或个人的思想行为。创新能力是一种由先天基因和后天的认识培养而形成的较为稳固的能力，它是以认识为主的。

具有创造力的性格体系，即具有创造力的性格。创造性性格是在创造性的过程中所具有的性格和行动的稳定性，也就是前面提到的“创意”。创造性思维的发展不仅是单纯的知识，更是一个由创造性情绪驱动的过程。因此，学生的创造性情绪、优良的人格特质，是其创造性思维得以形成与发展的基础。

创造性的行动体系包括多种外在的行为和技术的表达，其中，创造能力是决定创造性的重要因素。创造性思维是创造性活动的一种工作机理，是由创造性智力所产生和制约的，可以反映出创造性活动中的行动能力层次。创造性能力包括信息加工能力、一般工作能力、动手能力和操作能力；要开展创造性的实践，必须具备创造性的能力。

创造性教育以四大要素为主体，在四大要素所组成的全动态过程中，体现其价值导向和运动的进程，以及发展趋势。

二、创新教育的现实价值与意义

（一）创新教育的现实价值

“创新”是一种适应时代与形势的新的教学思想。这一制度的目的在于通过教育来提高国民整体的综合素质，同时也可以培育具有创造性的人才，进而促进整体的创造力。一个国家的精神是革新，是国家发展的永恒力量。当今国际形势下，国家间的实力之争愈演愈烈，其经济实力、国防实力、国家团结程度也在不断增强。无论从哪一种角度来看，都是以教育为基础的。在我国，教育承担着创造和培育国家精神的独特任务。所以，对制约大学生创造力和创造力发展的教育观念和教育模式要进行全方位的转变。教育部发布的《21世纪教育振兴行动计划》也明确指出，要从根本上促进国家教育的改革与发展，增强全民的综合素质与创造力。

人既是获取和继承社会文明的主体，也是创造社会文明的主要力量。"变革"是由活动的参与者所产生的各种新观念和新事物的综合，它的本质特征是变革、进步和超越。纵观社会发展的全过程，我们认为，创造是人类所有行为之精华，是人类权利的最高体现，而正是因为创造力，人们才能持续地超越真实。从个人的人生发展过程来看，创造性凝聚着人类全面的价值行为，推动着人类由现存的生活状态到更高层次的过渡。所以，它既是人类对真实的世界层次的超越，也是对人类现存生活水准的一种超越。

从其性质来看，其功能是承前启后，既是对传统社会的一种认知手段，也是对传统的社会文明的继承和传播；它不仅具有传递的功能，同时也具有融合和创新社会文化的功能。其实，最基本的层面是激发和培育具有创造性的社会主体的东西。它让人们在文化的生命中生根，在新的文化、新的社会、新的制度、新的物质和技术的基础上，进行文化与社会的新的发展。在这种情况下，创新就成为教育价值中最具有代表性的一点。此外，从个人角度看，"创造性"是一个人用一种创造性的、学习的心态去创造一种全新的体验。美国知名的马斯洛将创造性分为两种类型，一种是科学家、艺术家等人物的创造性，另一种则指每个人都拥有的行为和体验，尽管其创造活动并不一定能够获得社会的认可，但是他们自己也可以获得新的经验价值。从教育的主体性角度来看，创造性的教育是一种基于个体的价值观的创新，也就是说，受教育者可以在自己的精神层面上发展出一种"前所未有"的东西，这种行为和效果往往不能从根本上体现出来。教育是一柄双刃刀，它既可能培育创新能力，也可能抑制创新能力的发展。高校的新型创新型人才培养要符合21世纪的时代发展需求，突出其本质和最终价值。

（二）创新教育的现实意义

21世纪，出现了一种新的社会经济形式——知识经济。它建立在新发现、新发明、新研究和新的认识基础上，用一句话来说，就是知识性和智力性，而"创新"则是它的核心。本文从理论上分析了我国的经济发展现状，指出了提高劳动者的创造性质量是促进经济发展的重要条件，设计、发明和观念的革新，能够创造大量的物质财富。当今，随着知识经济的崛起，企业的创造力逐渐显现出它的独特的作用。我们可以

说,“创新”是“知识”的核心能力,也是“知识”的重要源泉。教育改革的必要性有以下三点:

第一,为应对世界范围内的人才竞争,必须进行教育改革。目前世界上各国都在追逐新技术,而其最终的竞争都来自创新型企业自身,因此,企业的技术竞争最终取决于企业的创造力。

第二,要顺应社会的发展,必须进行教育改革。当代教育肩负着知识创新、传播和应用的使命,在知识经济的发展过程中发挥着基础性和先导性的作用。随着社会的发展,教育观念体制、模式的变革也将随之发生。

第三,为了顺应教育理念的变化,必须进行教育改革。在现代教育思想中,“发现”已经不再是学习的目标,它是认识科学、训练思维、掌握学习方法的工具。

第二节　创新教育与教学理念更新

所谓观念上的革新,并非独辟蹊径、不切实际,而是脚踏实地地去寻求能够引导大学教育发展、能够预见未来教育发展的创新思维。

一、高校教育教学的人本理念

早在春秋战国时期,管仲就已然提出了“以人为本”的教育理念。“以人为本”就是凡事都要从人的视角来考虑,将人作为问题的起点和终点。孔子的“仁者爱人”、孟子的“民为贵”、墨子的“兼爱”、老子的“人民之心”等都具有人文精神的内涵。《中共中央关于完善社会主义市场经济体制若干问题的决定》明确指出,要坚持以人民为中心。“以人为本”的科学性体现在坚持人的自然属性、社会属性和精神属性的辩证结合,这是我们在教学中必须树立的哲学观念。因此,在大学教学中,“以人为本”是一种价值观念与方法相结合的思想。

(一)树立以学生为本的理念

大学是一所“高深学问之所”,它之所以成立,是为了培育人才,而非发展科研;“以人为本”是高校生存与发展的必然需求,而“以人为本”的教学实践活动是“以学生为中心”。

科研和社会服务也是以培养更好的人才为核心工作。“以人为本”是教学的根本需求。“育人”不是“制器”,而是以人为中心,以人为出发点和终点。邓小平同志反复强调,要培育“四有”人才,要做到德才兼备。要实现全方位的发展,首先要实现的不是单一的发展，而要培养的是学生的兴趣、特长和能力。

高校教育面向大众化中间过程必然要实现的就是“以学生为本”。高校教育作为教育的重要组成部分，与义务阶段教育同属于高尚的社会公益性事业。但是随着市场化的发展和高校教育产业化的程度不断提高，高校教育大众化的步伐速度明显提升，高校办学规模扩大，政府财政更加难以支撑巨大的支出。高校尤其是教学型高校的主要经费来源是学生的学费。学生以及学生家长目前也把学费当作一项投资来处理，学生与学校之间的付费关系也更加清晰。

因此，在这一点上，我们要紧紧抓住“以人为中心”的思想，正确地处理好“教育、教学”和“盈利”之间的联系。只有这样，学生们才会把学校当成第二个家庭和第二个避风港，让他们下定决心，为学校争光，关心学校的发展。确立“以人为本”的思想，有利于我们的校园美化和校园文明的构建，方便学生生活和学习。

（二）树立以教师为主体的理念

高校职能的特殊之处也要求树立以教师为主体的理念。培养人才、发展科学、服务社区是高校的三大社会职能，这些职能的顺利履行也必须依靠教师团队。高校教师的工作区别于义务阶段教育教师，更具备专业性、自主性和独立性，其社会职能完成得好不好关键在教师。

先进的教师理念有利于吸引人才。高校办好教育必须依赖教师团队的强大力量，提高办学水平也必须充分考虑学校教师队伍的质量，可以说高等学校的生命支柱就在于优秀教师。高校校长作为高校的领头羊，直接关系到教师队伍如何发挥作用，更关系到高校的办学质量好坏。清华大学、浙江大学聚集了高水平、高质量的师资团队，与当时梅贻琦、竺可桢两位校长的教育理念是难以分割开来的。在这一问题的看法上，他们有两个共同点：一是求贤若渴，广延名教授；二是爱才、护才，致力于建设高水平的师资队伍。

（三）树立关注人的价值的理念

随着全球大学教育与教学观念的新发展，关注人的需求和人的价值观念迈上了新的高度。

我们必须认识到，人的主体知识在社会生产创造中的作用明显提升，构成当下生产力的首位要素，在此引导下正在生成新的资源配置方式。人作为知识的生产者和传播者，在当今世界的价值更突显在改变了原有的对资源的掠夺方式及占有形式上。换句话说，资源密集型、劳动密集型的生产产业正在向智能化方向过渡，即我国社会的整体经济活动由依靠人力和物力的投入逐步过渡到知识资本的阶段。同时，在多元化的社会背景下，社会文化的传播、社会的价值得到维护，社会的发展也是由人来实现的。因而，大学教育要在教师和学生之间完成这一使命，使其向社会的传播作用得以充分发挥。

二、高校教育教学产、学、研三足鼎立的理念

回顾大学的发展历程，从其作用的视角分析，大学的办学历程大致可以分为三个阶段：授课到教学、科研到产出、学习到研究。社会发展导致高校教育也随之向产、学、研结合调整发展趋势，这是在新的阶段延展出来的符合教育发展规律的发展路径，绝不是权宜性的计策。当今，中国高校的产、学、研一体化已经引起了国际社会的高度关注，21 世纪的大学也正处于由教学和科研两大中心向产、学、研三位一体转型。产、学、研三位一体理念符合以下三方面的需求。

第一，符合经济和社会发展的需要。在漫长的岁月里，知识传递（对应教学）、知识发现（对应科研）、知识物化（对应行业）是互相独立的。19 世纪，随着电机和内燃机的大量使用，科学技术逐渐步入了工业的轨道，科技逐渐成为一个有机的整体。因此，必须把大学的教学和科研有机地联系起来。当今信息技术、新材料和生物工程的发展使其在多个层面上进行了变化，这是科学研究、工程教育和工业生产三者的密切联系。因此，高校要实现“产学合一”的目标。第二，符合高校教育协调发展社会政治经济文化的要求。地区经济发展要求高校教育助力贡献，但是实际上高校教育在这方面并没有发挥应有的作用。有的省市中高校数量在全国居于前列，但是经济排序落后，其中虽然不乏社会、体制、政策等方面的原因，但高校忽视创新技术也是重要的原因之一。大学里有不少研究项目，但许多研究项目转化效率非常低下。只有把产、学、研结合起来，才能使学校更好地实现“创校兴县”。第三，符合对优秀人才的需求。要发展知识经济，必须培育具有创造性素质的人才。创意需要学习和练习。技术创新活动中，学生是直接参加技术革新活动的，这是提高科技素质的一条有效途径。

积极发展产学研究，有利于形成学校发展的特点。一些高校在多年的实践中，形成了三个层次、三条主线的教学模式：三个层面是校内产学研、社会产学研、国际产学研合作；三条主线是人才培养、科研和产业发展。产、学、研协调发展，在提高学校办学活力、办学实力、办学水平的同时更对地区经济起到了积极的作用。

三、高校教育教学人文与科学相结合的理念

中国现行教育法通例，阐明了发展教育是为了提高全体国民的整体素质，推动社

会主义物质文化、精神文明发展。中国大学教育发展到今天，我国大学生的质量提高已经初见端倪。教育学家蔡元培曾说："教育的目的是培养个性。一个学者应该对学习有浓厚的兴趣，特别是要培养一个有学术精神的人。"大学的教学也应注重学生的品格、个性和素质；重视全面的教育，而不是单纯的职业化。

要适应 21 世纪的时代潮流，大学必须在知识扎实、能力宽厚、素质拔尖等方面作出更大的贡献。而"质量"是指将所获得的知识、技巧转化为内在，从而成为一种稳健的素质。总之，就是要学会做人。在人才的发展中，要始终坚持知识、能力、素养的辩证统一与和谐发展，注重提高学生的素质，特别是人文素养的教育，要适应时代的要求，培养德智体全方位发展的、知识扎实、能力强且素质高的综合型人才。

没有更高的人文主义和哲理修养，很难想象个人的理想，更难以想象他在专业上的能力。在一定程度上，人的身体和精神品质都会被文化修养所影响，文化修养也影响个人的三观的塑造。

如果只注重知识的累积和训练，而忽略了人才的整体素质提升，那么，就难以造就复合型、综合型、创新型人才，更难以推动教育政策的全面落实。应当推进马克思主义哲学基础课、思想道德课与人文素养教育的有机结合，加强学校内部的教学与学生的管理。

21 世纪的大学教育，以"以人为本"为基本原则，突出了人文素养教育与科技教育的有机结合，是社会经济、科技、教育发展的重要趋势。

四、高校教育教学可持续发展的理念

可持续发展思想是大学教育与教学的中心思想。大学可持续发展的内涵包括发展可持续发展、发展注重整体发展、发展注重平等。要实现可持续发展，必须充分了解社会、经济对大学教育的要求和发展的内在要求。从中国大学与世界各国大学的教学需要对比来分析，中国大学的教育教学仍需要补偿性增长，降低增幅，适度扩招。

（一）发展是一个综合的概念

数量、质量、结构、效益四者综合构成了教育发展的基础四要素。增加数量是高校发展的第一要素指标，高校教育必须向高质量、高水平转变，故高校教育的发展需要有质量的数量提升。在我们的理解当中，高校教育质量应是一种"适宜质量"，它指的是高校发展要适合国家战略、社会发展与教育者自身特征需要的质量。所以，只考虑数量提升发展是一种"泡沫"式的虚无的增长。提量保质、优化结构与促进效益，在根本上是一种资源利用效率的问题。资源的充分化、合理化应用亦需要配合高校的适度规模，另外由高校教育结构调整带来的“节约”效益良好。

（二）高校教育数量的超常增长

增长与发展是密不可分的两个命题。发展中含有增长，但是增长不等同于发展。传统教育发展很大程度上是数量的增长，这种发展观会导致教育发展走偏了方向。

面对1999年高校教育数量的激增，高校与政府部门都投以认真的态度和高度的负责精神，转变认识、深化改革、发掘潜力，做好扩招的各项工作。但对于扩招工作中的各种问题和疑虑，以及高校教育可持续发展的深远课题到底如何处置，思想上仍然没有准确把握。做好扩招工作，应从以下三方面入手。第一，下调高校教育数量提升幅度，以保障教育可持续的发展空间。第二，拓宽并充分发挥各自的资金筹集渠道，发挥国家在高校教育投入中的主要渠道作用。第三，数量增长与其他发展要素协调共进，不要做“事后诸葛亮”，在问题之前建立预备机制，不要在产生了严重问题以后，再寻找解决渠道。

（三）可持续发展理念的大学氛围

当代大学的教育与教学已有不同的发展趋向。既有哈佛、剑桥等国际知名高校坚守研究型大学的思想，也有高校坚定面向大众、面向地方经济、实现教学目标的信念。在一流的大学里，每个人都可以体会到主体感、价值感和精神上的快乐。良好的教育可以使我们知识渊博，心境清明，心境旷达。

五、高校教育教学多元化的理念

多元化的高校教育教学理念包括办学结构的多元化和质量标准的多元化。美国学者马丁·特罗认为，高校教育的社会功能、标准等是多样性的。

（一）高校教育办学结构的多元化

大学教育的多样化，包含了学校的多样化和素质的多样化。美国马丁·特罗提出，大学的社会功能、标准等都具有很大的差异。

（二）高等学校的办学体制改革

克拉克·克尔在《大学的功用》一书中，将多元化的大型学院形容为“一个多元化的学院，在几个不同的层面上，有几个不同的权利，为不同的客户提供不同的服务”，而从中国的情况来看，满足这些要求的学校并不多。中国加入世界贸易组织后，国外一些财力、物力、人力资源集中的大学纷纷进入中国大学的办学领域，严重地影响了我国大学的竞争能力。虽然中国在整合上取得了一定的成绩，但是和这种情况的转变速度相比，仍然显得很慢，这体现在合并的过程很迟钝，以及合并之后的大学的办学实际效果不佳。在建设多元化大型高校的过程中，必须坚持"大""多""均"的发展思想。"大"，指的是规模大，现在许多省份，更多的是强调高校的数量，未来应侧重扩大区域大学的规模，由此提高其办学质量。"多"指高校的多样性，要使大型高校的多样性得以维持，使各大高校在各自的专业上形成各自的特点。"均"是指中国高校地域分布的平衡，要缩小内地与沿海、东部与西部、大城市与中小城市之间高校分布的差异。我国高校的分布与我国的经济发展程度存在一定的关系，存在高等教育在中小城镇缺失，以及高校的空间布局不合理等问题。中国加入世界贸易组织后，国外高校纷纷进驻中国，中国高校的地域分布不够均衡，势必会出现大量空白，从而使得今后中国大学在与国外大学的竞争中更加被动。中国的高等教育改革也应该是在区域布局上进行的。从发展"大"的战略要求来看，中国的高校在总量和质量上都要有所提高。经过数十年的发展，中国的现代化大学已有了一定的进步空间，其发展目标应当由重视"量"向"质"和"量"并重转变。

（三）高校教育质量标准的多元化

传统的教学方法通过对知识的理解和掌握程度来衡量教学的品质。在全面发展的教育观中，智力是一项基本内容，但并不完整。优秀的职业人士要学会学习、做事、做人，等等。全面发展的人才培养要考虑到非智力的因素，因此，要从知识的数量观念和能力的观念向综合的、包括知识和能力的质量观的方向发展。前面所阐述的综合素养与科技综合的素质教育，无论在精英还是大众化的时代，都具有普遍性。普及教育的数量增多，必然会带来素质的降低吗？在此，又涉及怎样评价普通教育质量的问题。一般而言，教学品质可划分为两大类：基础素质与特殊素质。当前，大学教育的普及发展面对的是多元化的需要，因此，大学要有自己的定位和标准，使自己的特点能够更好地满足社会的需要。精英教育的目标和规格、学术取向和规范等都不适用于普及教育。以往以传统的精英教育为参照对象的大众教学模式，造成了"数量增长、质量下降"的社会困境。随着普及教育的迅速发展，必须从单一的精英教育、学术教育的质量观念向多样化的教育质量观念转型。

六、高校教育教学国际化的理念

从理论上讲，大学的办学理念可以追溯到12世纪中期，而高等教育的国际化要从20世纪40年代中期开始。20世纪80年代之前，大学教育的全球化是在工业化的世界范围内进行的。20世纪90年代以来，大学教育的全球化已经成为当今全球大学的一个重大思想，它对当今大学的发展产生了越来越大的冲击。

(一)经济的全球一体化进程对高校教育国际化提出了要求

随着大学教育由边缘走向社会核心，大学的地位越来越突出，经济发展与大学教育的关系也越来越密切。经济一体化不仅表明了世界经济的紧密关联，而且也暗示了世界各国经济间的竞争日趋加剧。这就要求大学的国际化必须与之相应。例如，利用大学教育国际化，培育具有国际视野的国际专业技术人员，跟随世界经济的整合潮流。

(二)多元文化的融合对高校教育国际化提出了要求

20 世纪 90 年代以后，一方面，不同国家、不同地区、不同团体之间的思想矛盾逐渐消退，学术交流的数量显著增多；另一方面，在世界范围内，也存在着一个更加严峻的问题，即多元化的文明要如何协调、融合。大学作为文化的一种传播媒介，具有独特的文化传承、传播、选择和创造的能力。因此，提高大学的国际化水平和对外交往水平，有利于促进不同民族间的了解，从而推动不同的民族间的融通。

(三)高校教育自身质量的提高对高校教育国际化提出了要求

中世纪的大学国际化曾促使了当时的学术兴盛，而近代的高等教育国际化则更为突出地促进了高等教育的教学。高校学者与科研人员开展跨文化的交流与分享，促进了高校教学的发展。随着科学技术的全球化，这种跨国的直接沟通对于促进教学的作用越来越明显。

(四)高校教育资源的共享对高校教育国际化提出了要求

大学的教学资源不仅是一种重要的物力，更是一种“可持续利用的人力”。大学的办学资源通过国际化来实现，既能有效地发挥其资源的使用效率，又能有效地改善学校的教学品质；另一方面，它也是资源“再生”的主要方式，也就是在共享的过程中“再生”新的资源。

当前，我国大学教育的全球化潮流仍亟待解决的问题是如何有效地应对这些问题。正像世界高等教育会议中提到的：“在国际上开展高等教育的最迫切需求是要改变发展中国家尤其是最不发达国家的学校的衰退。”在大学教育的全球化背景下，一些国家特别是在部分发展中国家，出现了大量的人才短缺现象。高校教育资源具有重大的实际价值，它以应对发展中国家人才流失和不断扩大的国家间的贫富差距为目标。

（五）高校教育的平衡发展对高校教育国际化提出了要求

所谓高校教育的平衡发展，主要是为了克服以往在高校教育国际化中存在的“西方中心主义”，强调各国、各地区结合自身的实际，选择自己的教育发展道路。这实际上涉及高校教育的国际化与民族化、多样性与统一性之间的关系。正如《关于高校教育的变革与发展的政策性文件》所指出的：“历史证明，最有生命力的高校教育体制，是那些能够处理好统一性和多样性之间相互平衡的体制。”这种平衡反映出应对知识的共同性和对社会、经济、文化需要的特殊性并重。基于此认识，我们应尽快树立高校教育国际化的新理念，并自觉地将中国高校教育战略规划置于全球化教育视野中，使中国高校教育在未来的国际合作中处于主动地位。因为全球化更加凸显全球互联的本质极其复杂和不可预测的特性。

（六）高校教育产业发展的理念

要实现观念的转变，首先要确立市场观念、产业观念和运营观念。其中，最主要的三个问题是关于教育界的认知问题。WTO 的规定很清楚，大学的办学是一种社会的投入与消耗，并且是一种可以带来巨大收益的行业，但是这并不意味着大学要进行工业化。教育不能那样市场化，也不能产业化。我国目前对于大学的办学是否属于产业问题仍有争议，而外国已经将其当作一个行业来经营。大学具有公益性质，公益性质是其基本性质。对此，我国《中华人民共和国教育法》和《中华人民共和国民办教育促进法》均有明文规定。在现实生活中，大学教育不仅有公益属性，而且这种特点日益突出。要确立“以教育作为一项高尚的公益”的新思想，形成以国家投入为主的多渠道筹集办学经费的体系，坚持“两条腿走路”的政策，坚持教育的公益性，不发展“产业化”，但可以通过引入资金和拉动消费来促进教育产业的发展。必须确立大学教育行业发展的观念，以正确认识大学教育的运作逻辑，掌握市场供求均衡的规律，掌握企业在竞争中的竞争优势。只有这样，我们的人才能够得到更好的管理，更好地进行投资和生产效率的研究，从而增强学校的竞争能力；要努力实现我国大学教育由目前的“精英”向“大众化”转变。

（七）高校教育开放的理念

加入 WTO 后，中国对外开放的范围更加广阔、进程也更加迅速。引领高校教育与世界教育相接轨，需要转化封闭式的办学观念为开放、多样的现代高校教育理念。只有这样，才能在国际化的高校教育体系格局中占领高位。

第一，公开透明的理念。这也是《服务贸易总协定》的规定。现在的市场经济思想不再是谈论是否应当的问题，而是如何在开放中找到立足之地，如何规避主权问题和风险问题，从而获取发展的机会和收益。

第二，大学教育是公开的商品。全球化从全球视角出发，把大学的教育视为一种产品，一种可以在世界各地进行自由沟通的产品，把学生视为消费者，一个能够在世界各地自由挑选大学的顾客。要确立“产品开放性”这一观念，其本质就是要把我国大学的办学成果向全球推广，使其在大学的教学中扮演更加重要的角色。

第三，大学教育具有开放式的特性。大学与国际社会的联系是全方位的，它的三合一作用可以更好地发挥其在解决“社会、国家和全球福利”问题中的优势。

第三节 高校教育教学创新的思路

一、更新教学理念

（一）确立实践性的教育理念

教学实践是把大学教学中的各类知识和学说，经过实践进行消化、巩固、融合和升华。在实施的全过程中，把科学和人文结合起来，能够使大学生的实践和创造能力得到提高，从而提高他们的人文素养和科学素养，这与现实的需要是一致的。大学的文化建设要求引入创新的奖励制度，引导大学生进行创造性的创业和全方位的实践性教学。

（二）树立以人为本的教学理念

教学实践必须做到对学生的尊重与了解、发掘其潜力、培养其健全的个性，实现三者的有机统一。培养学生的知识、能力、思想品德，有利于大学生的全面的发展。这一思想必须在大学的各个方面都得到全面落实。在教学方式上，应实行弹性教学计划，主修和辅修学分制，确保自由选择和时间空间的自由支配，以培养学生的创造性和动手能力为主要手段。在教育目标上，要以全体师生为宗旨。在教学方式上，应积极倡导学生主体、教师主导的互动方式，鼓励问题式、案例式和讨论式的互动；在实施“启发式、互动式、探究式”的课堂教学中，应采用一套从“以人为本”的“以知识为中心”的教学方式，实现了以“以人为本”为导向的、从“被动”到“主动”的“探究式”的教育方式。

（三）采用灵活多样的教学组织形式

在教学方法上要采用多种方法，通过改革传统的方法，充分调动学生的主体性，调动学生学习的积极性，实现教学方法的转变。改善教师、课堂、课本三种主体的课堂环境，促进教师与教师之间的相互影响，进行主题研讨，培养学生探究与批判的意识；注重教学创新，注重对学生个人差异化的引导；要充分利用学生的实际操作和实践活动，提供实践平台，鼓励学生积极参加科研实践活动，激发学生学习新知识、分析问题、交流与合作等方面的技能。

（四）制定均衡的高校教育资源配置政策

重点高校与一般高校之间应均衡教育资源分配。在评价“双一流”院校的同时，要注意提高普通高等学校的教学和科研水平，并根据当前各地区之间存在的日益扩大的差异，制订相关的地区高等教育发展策略，力求实现各地区之间的均衡，强化地方大学的办学实力。

应科学地设置学科，推进学科建设与改革。应对课程设置进行适当的调整，使学校的办学理念、专业和课程设置、教学模式与时代要求相适应。首先，按照“厚基础”的基本原则，建立学科专业的基本知识、能力和素质体系。其次，要坚持“宽口径”的思想，扩大学生的专业知识范围，从“单口型”转向“适应型”，实施“宽口径”的专业教学；通过对学科体系的调整，使学科与学科间相互交叉，从而使学科的教学水平得到进一步的提升；为社会输送高质量的人才，促进学生的全面发展。此外，还要把握自己的特点，做到科学的发展，坚持差别化的基本原理；建立特色专业，避免单一的办学方式，优化教学资源分配，提高教育公平性；推动大学的科研工作。

“因材施教”就是针对每个人的性格特征制定出符合他们自身特色的教学方案。“适合性”的教育公平本质上并不在于让所有的人都能接受相同的学习，而在于让所有的人都能得到“适合”的学习。教学目标、教学模式、教学内容、教学方式等应遵循“生本论”原则，尊重人的主体性，发掘其潜力，促进其全面发展。高校的教育教学质量是关系到人的全面发展和经济发展的重要因素。因此，必须根据相关的法律法规，构建和完善大学教育教学质量保障制度，加强学科专业建设；要防止重复建设、浪费教育资源的行为，建立具有权威的、独立的评价机构；要充分利用社会监督的力量，对学校的教育教学进行有效的监督。

总之，要实现高等教育的公正，就必须不断地推进改革，从根本上解决教育问题。

二、形成办学特色

第一，改革教育和教学，培养学校的特色。一所具有各种特点的大学必然具有其自身的教育思想，它可以在一定的时间和空间条件下，引导学校的办学理念和发展方向，能够符合时代社会对于人才培养的要求，适应思想政治教育的创新要求，与教育创新和社会进步步调保持协同，还能够瞄准教育的发展路向、促进人的全面发展及教育培养过程完善。教育思想必然伴随着教育教学的改革创新而一并转化，以先进的教育思想引领办学思想的实践，需要更新办学目标与重新定位办学模式标准，实现这一标准采取的策略影响着办学实践效果的综合评价。

第二，加强专业特色的建设，突出学校的特点。学科特性是大学办学特色凝聚的核心。学科建设是高校人才培养、科研和服务三大功能的主要途径和载体，其建设与发展的程度直接关系到高校人才培养、科研、专业建设和师资力量的培养与发展，并决定着学校的服务能力和水平及办学层次。学科特点是大学办学的典型特征，也代表着大学的核心能力。

从专业发展的角度来看，大学不能只求“大”、求“全”、求“新”，而要把发展的思想转变为“精”和“尖”，根据地域特点和自身特点，建立自己的优势专业，突出“品牌”效应。美国华裔科学家田长霖曾指出，国际上发展迅猛的大学，往往会先在某一门学科上取得突破，而不是在各个学科上都有所建树。为了实现国际、国内顶尖大学的目标，各大学应将重点放在培养最好的专业上，充分利用各自的专业优势，带动其他领域的发展。从一定程度上讲，一所学校聚集的资源也是其自身的特点。

第三，发扬高校精神，形成办学特色。高校应该是发展自由思想、自由学术的领域，担负着培育人才、完善个体人格发展、追求知识真理的理想。高校精神就是在学校里做学问的心理状态和文化立场。高校精神是某所学校内全体成员在历史办学实践中共同创造、传承而来的被社会及校内成员集体认可的一种精神内涵，传递的是一所高校的历史文化和精神面貌，其所凝聚的更是学校的精神信仰，是学校特殊气质和文明成果的最高表现，是学校成员精神支柱的集中表达。大学的灵魂就像人格一样，是大学最本质的、最高的道德追求和道德准则，它直接影响着学校的表现和发展，是大学持续发展的基石。大学的精神是大学在漫长的发展历程中积淀、沉淀的精神符号，反映了大学所有群体的心理定式和心态，展现了高等学校的整体面貌、风格，形成独特的学校特色。大学的思想与做法应当促进大学的精神的生成与发展，并使之成为具有独特意义的、持久的文化。

三、推进师资队伍建设

应逐步废除学校的行政层级，减少学校的行政组织，让学校的教师成为学校的主要力量，加强师资力量的培养。要把“百年计划”当作根本，把“教员”当作“大事业”的根本。习近平总书记在北京师范大学与学生的交流中指出，教师的作用是塑造学生的灵魂，塑造学生的生命，塑造学生的人格。能够找到一位好的导师，这是一所大学的荣幸，一位好的导师就是一所大学的荣耀，一群好的教师更是国家的希望。应该培育一批具有良好师德、业务精湛、结构合理的教师队伍。一支富有朝气的高质量、高水平、专业的师资团队是民族振兴、国家繁荣、教育进步的必然选择。

（一）优化高校师资队伍结构

教师学历、职称、年龄是教师队伍的构成要素，这些要素可以直观地体现教师队伍的素质、能力、学术水平等基本情况。

近年来，我国先后实施了“优秀创新人才工程”“优秀青年师资奖励”“优秀师资培养项目”“研究生培养项目”等项目。在加强高校师资力量培养的基础上，也应加强高校领导班子的培养。政策的重点应放在高职称学科、学术带头人和急需的专门技术人员上，根据专业发展计划，有针对性地提升教师的教学水平，并适当配置教师的职务构成。要采取切实的举措，吸引更多的优秀教师，提升教育水平。要强化对高校的杰出青年的培训，从不同地域、不同学校吸收优秀的人才，把他们的引进和培训结合起来，促进人才和资源的有效整合。这有助于各个专业的教师在总体上提升认识，并最终实现大学的和谐发展。

（二）提高高校教师综合素质

教师队伍的建设是大学教育改革和发展的坚实基础，是大学办学水平的保证。大学教育的迅速发展要求大学的教育教学理念、知识结构和教学方法等方面的改革。要提高教学质量，培养和发展先进的信息技术和手段，创新科研与教学的能力和理论联系实际的能力，将知识转化为社会服务的能力。要建立学术过硬、综合素质较高，我国的高校教育师资队伍建设任重而道远。首先，要把教师道德教育作为建设教师队伍的首要任务。师资队伍的构建是以师德为基础的，要不断地对其进行优化、净化、强化。加强教师道德建设，是实现党的各项教育方针、政策的基本保证，能够培育合格的社会主义建设者和继承者。坚持“以人为本”，坚持“师德兴，教育兴；教育兴，国家兴”的爱国主义教育理念，持续更新教师观念，以现代教育思想作为向导；要培养一支治学严谨，教学科研能力强，与时代同行的高质量师资队伍。

提高大学教师的整体质量，必须重视对其教学素质的培养。要改变以往忽视教育质量的现状，必须从提高师资队伍的学术素质入手，高度关注师资队伍建设。要使教师充分认识教育教学的理论、方法和教学规则，充分调动学生的主动性。同时要强化教师对研究的关注,为他们的教学创造环境,提高他们的研究能力和专业素质。以“特色学科+优质课程”为重点,强化学科带头人、学术带头人、学术骨干队伍建设,在一些学科领域形成独具特色的人才群体,专注于学术硕士和教育权威的双重培养,提高整个教师团队教学水平。

大学教师是一个紧密联系在一起的整体。从理论、教学、科研、文化等方面,增强其服务功能,使教师具有先进的教学、科研方法,具有崇尚科学、勇于创新的开拓精神,具有为高校教育事业不懈追求的精神,推动大学教育的发展,推动大学教师的健康发展与改革,为实现大学的跨越发展奠定坚实的基础。

四、创新课程体系及教学内容

(一)创新课程体系

首先要合理调整学科专业的教学体系,实行“因材施教”“分级教学”“分类培养”“主辅修”“双学位”“定向培养”;通过中外联合办学等多种形式进行人才培训,以适应不同学生的发展需要;其次,在课程结构上,应突破以往以学科、国家(地方)课程、必修课程进行分类的模式,对课程结构进行再配置和优化。综合课程、必修课程、选修课程均应按“大学规范+实践”原则,注重个体的差别,并坚持理论与实践、人文教育与专业课程教学、课内与课外相结合。

在“创新课程”的研究中,要不断地改进和健全大学生的实际操作技能,改变教学的理论依据,从社会学、经济学、文化学等方面,创新学科的学科基础理论。创新并不仅仅是第一次发明,更是重新认识、重新组合和运用别人的发明。

创新课程并非以学科的形式教授给学员一整套的创新知识、方法与策略,亦非以学习知识为核心,而是以综合性的教学模式,让他们独立、有计划地进行研究与设计,体验、实践、反思多个层面的学习,在开放性、社会性、综合性和实践性的研究中,培养他们的主体性、创造性和探究精神、灵活开放的思维和社会责任感。

(二)创新教学内容

应遵循复合型人才培养原则——“厚基础、宽口径、强能力、重质量”,对教学的内容和课程系统进行再设计。转变以往将课程分为专业课、专业基础课和基础课的“三级”课程布局模式对课程的内容和系统进行再设计与调整。课程体系应包括:专业类、公共基础类、文化素质教育、实践类课程等,增设可选择的课程,并逐步缩减必修课,将公共课分级、分类。

所谓“厚基础”，是指使学生能够熟练地掌握各种学科的基础理论、基础知识和技能，并将其应用于实际工作，从而形成坚实的理论基础和知识结构。要不断夯实知识基础、技能基础、方法基础，要加强优质课程和基地名牌课程的创建，把基础较好、适应范围较宽的学科基础课程、主干课程和专业课作为建设的主要内容，从而使课程体系的构建与全国优质课程的要求不断提高。

“宽口径”是指扩大学生的学科范围，使学科的设置由“对口型”转向“适应型”，扩大“宽”的范围。要全方位提升大学生的综合素养，为国家培养优质的人才。在学科体系构建上，应从总体上优化课程结构、扩大学科交叉、提升学科知识素质；强化对大学生的人文素养的培养。在“公共必修”基础上，结合“学科必修”的课程，根据不同的类别设置教学平台，突出文科和理科的交叉；加强专业的渗入，为大学生构建一个宽广的学科基础平台。通过对学生的专业知识进行合理的调整，可以充分利用专业优势，关注兴趣爱好，拓宽专业口径，提高学生的整体能力。

“强能力，重质量”即从全面发展和全面提高学生综合能力入手，以分析、模拟、教学等方式，强化教学中的实践活动，并通过社会实践、社团活动、专业实习等多种社会实践活动，充分发掘学生的潜力，培养学生“从个体到整体”的分析能力。

（三）注重实践教学创新

根据当前教育改革面临的诸多问题，《教育部财政部关于实施高等教育本科教学质量与教学创新工程的意见》明确提出，要大力推进“质量工程”的实施。与此同时，教育部下发的《关于进一步深化本科教学改革全面提高教学质量的若干意见》，强调要切实抓好实践活动，不断拓展大学生实习的机会和渠道，与社会、行业以及企事业单位共同建设实习、实践教学基地，着力提升高校学生的践行力、实践力、综合能力。加强对大学生的实践练习，从各个角度保证大学生的职业技能和毕业实习的时间和质量，使教育与社会的实际工作相联系。

要开展实践教学。学校要积极主动为在校学生开放拓展多维度、多方向、多途径的实践平台，建立一支较为稳固的校外实习实训基地，对学生的社会实践、社会调研、社会实习给予正向的、充分的支持与组织，使得学生的敬业精神在高校校园内得以生根发芽。学生的实践创新能力也需要得到重视，因而学校要积极支持学生创新创业活动，注重发掘与发展学生的创造性思维与综合素质。在一个创新型国家的建设进程中，就业市场也会越来越重视学生身上这种创新素养。

可以说，这种创新素养已经逐渐成为学生的核心竞争力量。人才的培育是一项复杂的系统工程，应坚持探寻其内部规则，摒除教学中的非理性教学方式，对教学理念、教学内容和教学方法进行认真细致的研究，从而更加完整细致地理解和掌握教学的规则。为此，本书在教学理念上提出“教学民主”，以改革原有教学方式。教学方式应能充分反映研究性教学、开放性教学、互动性教学等“教学民主”特点，使学生主体地位得以凸显，主体作用得以增强，学习潜力得以激发不断发展。

1. 推广研究性教学，培养学生的创新意识

从传授知识到重视能力的教育，必须改变教育的方法，而推行探究式教育是不断深化教育改革和提高教育质量的一条重要途径。研究性教学以研究为基础导向，为师生提供交流的通道；由此，学生得以投身到科学研究的第一线，积极思考、探索和实践，进行自主学习。

教学也为学生提供了交流与合作的广阔舞台。学生能够分享研究资料、学习资料、创意与研究结果，进而发现问题，克服困难，合作解决问题。研究性教学的进程离不开实践，要从实际出发，实事求是地对学生提出基本的需求，要让学生尊重别人的研究成果，做到严谨、认真、主动。

研究性教学也是一个全方位提升学生综合素养的重要环节。在学习中，学生认识到科学对自然、对社会的积极作用与价值，从而理解国家、社会、人类与世界的发展。它既能提高学生的创造性和动手能力，也能让学生有更多的时间去理解消化所学的知识，强化对已学知识的再认识。

2. 推广开放性教学，培养学生的创新能力

开放性教学旨在激发学生对知识的探索，培养学生的“自主创新”意识。在开放式的课堂中，教材和教案的内容只供教师参考，而在教师的指导下，学生有较大的发挥空间。激励学生的学习动机，使他们在主动地探究活动中健康、全面、和谐地发展。开放性教学是一种教学方式，体现了一种先进而又科学的教学思想，其基本目标是使人的创造性发挥，以开放的教学活动方式来实现教育发展，以提高教育质量为终极目的。

3. 开创互动性教学，提高教学质量

“互动”是指在课堂上要积极地调动学生和教师的主体性，通过他们的对话和讨论来达到目的。互动式教学可以让课堂气氛更加活跃、灵活，并能对学生的学习进程和知识的掌握进行实时的反映。教学与学习的互动、教学理念的互动、心理的互动、意象与情感的互动，都包含在互动教学中。互动教学具有现代性、互动性和启发性等特征，是富有生机和创造力的教育形式。它需要教师按照课程安排，有目的、有步骤地安排学生，根据不同的发展需要进行因材施教。互动教学鼓励教师努力探索，不断学习，不断提升自身的专业能力和教育能力，并充分调动他们的学习热情，促进他们的人格发展；在保证数量的同时，提高了教育质量和效益。在互动教学中，应以学生

为主倡导教师和学生平等交流，使学生能够无负担地获取知识，有利于培养学生的自主学习和创造性的学习。

第四节 高校教育教学创新的策略

一、树立终身教育的教学理念

终身教育、终身学习的教育思想是教育研究界目前关注的热点，搭建全民终身教育体系、营造学习型社会也逐步成为联合国及世界各国教育教学改革和社会进步的基本理念。持教育终身论的人坚信教育具有时空整体延续性的特征，即教育无时不在，无处不在。传统教育认为人的一生就是由学习阶段、工作阶段、退休阶段构成。终身教育的理念认为教育始终贯彻于人发展的各阶段，即在纵向上涵盖这一个人从生到死每个阶段的各类教育，也涵盖横向上的学校、家庭、社会等系统的教育。

“建立和完善终身教育体系”被写入《中华人民共和国教育法》。《面向21世纪教育振兴行动计划》进一步明确，“终身教育将是社会生产力发展与社会进步的共同要求”。由此可见，终身学习、终身教育的理念已经演化为社会面和教育界的普遍共识，构建起完善的终身教育系统是人民的共同期待，不仅要树立起终身教育的教学理念，更要将各类教育形式嵌入高校教育的教学模式，使得资源得到合理配置。高校教育肩负着终身教育的重大责任，要根据社会发展的需要、职业发展的市场需求发展好高校教育、岗位培训、知识更新教育以及继续教育，在最大限度上满足经济社会中各类各层人才的要求。

终身教育理念的贯彻离不开开放办学的指导思想。联合国教科文组织发表的《德洛尔报告》中指出，如果大学教学可以向任何渴望知识的成年人开放，大学就可以发展为人们人生中接受教育知识熏陶的最好讲台。目前很多国家的高校教育已经由精英教育向大众教育乃至普及教育过渡的趋势，如澳大利亚的远程教育、英国的公开大学等等。

我国高校教育由传统办学转为开放办学，一方面要大力发展远程教育和网络学校，采取“宽进严出”政策，向每一个渴望学习的成年人提供本、专科水平的高校教育。远程教育、网络教育因其超越时空限制的优点，能够在最大限度上满足各类人群的学习需要，成为这个世纪教育发展的新生着力点。另一方面，要建立起学校—企业、高校—社会的密切联系，使市场经济背景下的高校教育在增强办学效益、增强内生动力的同时，不断发展壮大自身建设规模，并为社会服务做出贡献。

二、拓展德育教学的教学模式

从职业发展的角度来讲，高校教育在德育教学上，应重视培养个体的职业发展精神和职业发展道德。但是高校教育面向的对象具有复杂性，且社会变化具有综合性等特点，这在一定程度上增加了高校德育教育的困难程度。因此，高校教育教学中的德育环节成为整个高校教育中最为薄弱的环节。所以，基于职业发展理论的高校教育教学模式，应当继续推进和丰富高校教育中的德育内容。

（一）拓展德育教学的内容结构

德育教育是一个人在当代实现社会化的理论思想先导。现代德育不仅要反映个体自身的道德水平，更要能符合现代社会发展的标准。因此，高等教育的德育内容在构成上，应该更具广泛性、现实性。职业道德代表着从业者道德水平的高低，决定着人们对劳动的态度和行为取向，理所应当地作为劳动者素质水平的灵魂核心，在高校教育内容中也应该居于核心位置。另外，高等教育的德育要与时俱进，通过培养先进的价值观。由于社会的剧烈变动，人们的生活习惯、价值观念、道德观念等都在发生着巨大的变革，原有的道德观念和道德标准必然被淘汰，同时也需要在科学、信息、经济等方面建立新的道德标准。在这种状况下，高校必须肩负起德育创新的历史使命。

（二）拓展德育教学的教学形式

要运用多种手段加强道德教育的有效性。传统授课方式不能充分满足高校德育教学需求，教师应增加生动案例来调动学生，发挥道德榜样对学生的塑造影响作用，让学生在纷杂的社会现象中找寻到价值判断的根据，激发学生内心对道德榜样的敬仰之情。要重视全面应用现代技术，加强与学科资源的融合。充分利用电影、电视、教学录像等信息资源，通过感官刺激加深学员印象和认识，达到理想的教学效果。此外，通过网上授课和远程教育，充分发挥网上教育的优势，拓宽道德教育的应用领域，整合课堂教学和多媒体教学的整体性优势，使得网络教学的优势得到突显。方便、生动、灵活的德育教育模式改变了大学德育的场地的局限，依托网络的便捷、灵活、快捷的特点，使德育的教学活动得到最大限度的扩展，为学生的学习创造了条件。

（三）拓展德育教学的评价体系

基于高校教育的特殊性，高等教育德育的考核机制不同于其他考试，具有一定的特殊性。依靠知识考试可以对教学内容进行考评；通过日常管理中的品行表现可以考察教育对象的思想观念；问卷的跟踪调查以及相关单位的考核鉴定表可以对学员行为表现进行考核。另外，要使广大高校学生的学习热情得到激发，在思想上和学习上积极主动，就必须设立一套激励机制，对学生进行精神和物质上的激励。

大学德育工作是一个综合性的系统工程，需要动员学校、学生家庭等多方力量来进行有效的组织和管理。学校应按照国家相关法律法规，结合大学的办学特色，制定一套科学的、规范的、可行的德育教育管理网络，包括班主任的配置、班委和团支部的活动组织，对德育的实施和对学生的知识进行评价。学生所在的学校担负着日常监督、检查等日常工作的责任。学生所属的机构对学生日常行为、思想观念等进行评估。只有三者相互配合，才能构成高校道德教育的一个有效的组织与管理网络。

三、引入校企合作的教学模式

基于职业发展理论，大学的教学方式要考虑到学生的职业发展需要，比如专业知识、技术等。因此，大学应引进校企合作的双轨教育，帮助学生在工作和生活中寻找平衡，提升学生的实际操作技能。

（一）建立校企联动机制

必须寻找学校与企业之间的共同信任点，从而建立起相互联系的密切的互信。从以上的研究可以看出，学校、政府、企业三方面合作开展教育的意愿和环境，为建立“学校主导，企业与政府合作或监督”的合作办学模式奠定了坚实的基础。

学校、政府、企业都聚焦于“发展”议题。也因此，“发展”成为校政企联动的一个逻辑起点。学校发展致力于人才培养，而政企发展则需要人才，故人才便成为双方或多方联动的。要实现高校与企业之间的人才培训有机结合，就需要建立一种行之有效的互动体系，以建立一个公开、畅通的信息交流平台、网络交流平台、信息员联络系统、信息发布系统等。

（二）规范校企管理模式

在充分考虑到高校的办学特点和学生特点的前提下，高校的管理模式应与政府、企业的需求相适应，形成政府和企业共同努力的教育行政体系。由校政企三方负责人代表组成项目管理组，共同制订培养计划、管理制度建设并付诸实施。在具体的教学过程中，三方主体加强联系互动，跟进学员的学习情况、学校的教学情况，强有力地保证人才的质量。

（三）合理设置培养目标与教学计划

高等学校应注重对负责生产、建设环节和业务管理的人才的培训。实现这一培养目标的核心，就是建立一套以培养高技术人才为主线的培训方案，同时要结合科学、合理的理论课程和与学生的专业发展、就业状况紧密联系的实习课程。为此，应从根本上改革传统的教学方式，构建以“学历＋技术”为核心的专业课程和专业技术训练的教学体系。学生未来会参与到各行各业的生产、管理、服务一线对职业、技术和所需要的专业技能都有较深入的了解。学生的单位和部门也期望他们的雇员能够学有所成，学以致用。所以，我们在制定课程时，应对职业、技术和所需要的专业技能都有全面的了解。让所有人都能积极地参加教学计划的制订、教学内容的编制，从而达到教学目标。

第四章　高校教育教学模式创新建议

第一节　高校教育教学中 MOOC 模式的创新建议

高校 MOOC 教育教学模式是一种混合式教学模式，而建设与推广混合式教学，对深化高校教育教学改革、实现优质教育资源共享以及促进教育公平有着重要的意义。在教学实践基础上，应提出转变教学观念；教学协同努力，形成共建合力；重视教学内容的分解设计，完善教学评价；提升师生交流互动水平；精制教学微视频；优化教育资源配置，搭建人本化教学平台等方式来优化混合式 MOOC 教学模式。

一、优化高校教学管理体系

混合式教学模式的实施，有赖于管理部门、高校教师与学生三方协同努力，形成共建的合力。为此，需要进一步优化高校管理的体制机制、强化教师队伍建设，以此来提升学生的参与度。

（一）优化管理体制机制

传统课堂教学中，教学活动是在高校内部封闭运行的，与其他高校基本没有交集。而混合式教学模式的实施，则牵涉高校教师、学生、教室、教学信息的分配与安排，表明混合式教学模式的有效运行，需要进一步优化高校管理体制机制，使成员高校能够协同参与，共同深化高校教育教学改革。

1. 理顺高校间的关系

混合式教学模式需要高校间成员的协同参与、教学点间的相互配合，才能有效地运行。由于高校成员均处于平等的地位，保持着相对独立性，因而建立一个由各成员高校组成且认可的统筹机构，对教学的质量、实施和发展作统筹决策与监督。各成员高校的管理部门与统筹机构进行工作对接，有针对性地在课程中心平台和学校教学管理平台间搭建起有效的信息传导路径，理顺沟通渠道，并形成相关的制度文件，使信息在高校间可以顺畅地收发，降低沟通成本，提高教学的运行效率。

2. 高校内进行分工协作

混合式教学模式需要高校内各部门的分工协作，才能保证各项业务顺利开展。鉴于混合式教学具有从纵向上跨高校，横向上跨部门的特性，这就需要在高校内成立一个统筹部门，一方面与成员高校成立的统筹机构进行对接；另一方面，明确校内各部门的职责，并协调部门间的工作，保证教学的有效运行。同时，混合式教学模式的开展包括教学研究、教学管理与技术支持三个方面。基于此，高校需要对原有的教学管理系统进行有效的调整改造：由教学研究部门负责教学设计、团队建设、助教培训的工作，由教学管理部门负责教学安排、组织选课、信息发布、成绩转换的工作，由技术支持部门负责教学视频拍摄与制作、课堂直播、网络传输、教师保障的工作。部门间分工协作，共同保障教学的有效开展。另外，由于教学管理部门对教师和学生直接负责，管理难度与工作量都大大增加，所以需要高校充分了解并重视教学管理工作，加大资源投入力度，使更多的教师与学生参与其中。

（二）强化教学团队建设

混合式教学模式的运行，需要由课程负责人、主讲教师与助教三个部分组成的教学团队共同完成。因此，强化教学团队的建设是混合式教学开展的关键。要强化教学团队建设，就要做到以下几点。

1. 树立共同的目标

教学团队必须明晰共同的目标，并将共同目标分解成每位成员的个人目标，同时成员间要形成认同感和归属感，从而实现团队与个人的共同发展。混合式教学模式的目标是实现教育资源共享，培养复合型人才。高校教学团队制定不同阶段的建设目标，明确团队的教学建设任务，并定期更新计划，引导团队逐步完成教学目标。

2. 明确分工和通力合作

混合式教学包括教学资源的数字化、微视频的录制、教学内容的发布、教学进度的控制、线上线下的讨论、师生的互动、作业的公布与评价以及教学考评等环节。这就需要团队成员进行明确分工，各司其职。课程负责人与主讲教师主要负责教学内容的建设、教学设计、直播课中的互动与讨论课中的组织点评等工作，助教负责参与教学准备、维持教学秩序、承担教学事务、促进师生沟通、答疑解惑、监督学习、优化学习环境等工作。另外，高校通过制定相关的工作规范，明确工作职责，做到有章可循，有章可依。

3. 遴选课程负责人

课程负责人是课程的主要决策者，它在很大程度上影响着教学的质量。因此，课程负责人需要从学术水平高、教学经验丰富、教学效果好、得到学科同行认可的教师中选拔。此外，由于课程负责人还是整个教学团队的带头人，影响着教学的有效贯彻落实，因而，他还需具备感召力、影响力、沟通协助能力、创造力。高校一方面可以从现有的学科带头人、明星教师中遴选课程负责人；另一方面，可通过实施“名师培养计划”，以建设“优质 MOOC”为抓手，树立优秀的教学典范，培养高水平的教学团队带头人。

4. 建立多元化的主讲教师队伍

生源水平的差异性与教学的统一性之间的矛盾，影响了混合式教学模式的质量。基于此，首先，教师可以根据不同层次学生的特点，调整教学内容和设计教学方式，以满足学生的需求。其次，教师可以先尝试使用或观摩其他教师的使用情况，进一步提高创新的可试验性和可观察性。再次，通过搭建跨校合作教学平台，共享教学微视频、教学课件、教学讲义、参考资料等教学资源，分享教学心得，实现教学层面的跨校合作。最后，通过培训学习，提高教师队伍的信息素养和熟悉教学模式，以更好地保障教学的有效运行。通过多元化的主讲教师队伍的建设，进一步优化与充实师资力量，为学生提供更具个性化的教学。

5. 建设高素质的助教队伍

混合式教学模式具有教学模式新、教学互动性强、教学点设置多等特点，主讲教师面临比传统课程更为繁重的教学压力。因此，为减轻主讲教师的教学压力，有效开展教学活动，提高学生学习体验度，建设一支高素质的助教队伍是十分必要的。同时，高校还需要重视助教队伍的地位与作用，具体措施如下：

在选拔方面，结合专业性与敬业性、固定性与流动性相结合的原则，在课程的学科专业相关的研究生、高年级优秀学生、年轻教师中选拔并组成助教队伍。在培训方面，主讲教师需要向助教们详细介绍，使助教们熟悉教学的内容与相关要求、时间节点、授课对象的特点，在思想上形成统一，在行动上予以重视。在实际教学中，许多与教学有关的教学活动需要在教学平台上进行，主要由助教负责。因此，需要请技术支持部门的工作人员对助教进行培训，以提高其信息素养。在职责方面，结合课程的具体特色，制定切实可行、行之有效的助教职责，并进行明确的分工，引导助教开展工作。在奖罚方面，制定绩效评估制度，做到公开透明、奖罚有度，充分调动助教的积极性。综合而言，打造一支专业能力强、服务水平高并且相对稳定的助教队伍，能促进混合式教学模式的有效开展。

（三）提高学生参与度

混合式教学是以学生为中心而展开的，它的有效运行，有赖于学生的积极参与。提高学生参与度主要有以下几种方式：一是高校通过加大宣传力度，让学生更加了解这种新型的教学模式，并明晰教学要求，使学生更好地进行教学活动；二是通过学习交流会、经验分享会等方式，与学生分享学习的经验；三是通过举办信息化学习培训、分享相关资料等方式，提高学生的信息素养，让学生能更好地参与到在线的学习活动中。

通过高校、教师与学生的协同努力，形成共建的合力，共同保障混合式教学模式的有效开展。

二、改革教师教学理念

（一）转变教师教学观念

混合式教学模式的应用与推广，改变了课堂教学模式，转变了师生的角色。高校需要打破高校间的藩篱，紧紧围绕立德树人作为教育的根本任务，共享教育资源与提高教育教学质量，实施价值塑造、能力培养、知识传授"三位一体"的教育。而其中教师作为混合式教学模式的实施主体，决定了混合式教学模式应用与推广的成效。教师亟须转变角色，以学生为中心重构教学内容与设计课堂教学；而学生亟须提高自身的信息素养，使自己转变为主动的学习者。这需要高校、教师与学生对混合式教学模式有更深刻的认知与理解。

为此，需要加大混合式教学模式的宣传力度，具体方式：一是鼓励教师与学生在课余时间，学习 1～2 门的 MOOC，体验 MOOC 的学习乐趣和熟悉 MOOC 的学习方式；二是将混合式教学模式的相关资料分发给教师学习，并通过经验分享会、专题研讨班等渠道，为教师就相关事项答疑解惑，深化对混合式教学模式的理解；三是依托国家级教师教学发展中心，定期召开 MOOC 建设教师研讨会，邀请国内知名的 MOOC 建设专家学者来校与教师进行研讨；四是通过遴选的方式，开设若干门示范课程，使师生真切体验混合式教学的魅力，在积累相关教学经验的同时，树立教师讲课的信心；五是通过微信、微博及 QQ 等社交渠道，分享 MOOC 的最新资讯，拓宽师生了解 MOOC 的渠道。

（二）提升交流互动水平

师生的交流互动是混合式教学的重要部分。在交流互动的过程中，激发智慧的碰撞与增加师生间的情感交流,促进知识的内化。为此,就需要着眼于教学安排、教学策略与教学艺术水平。通过教学安排的优化、教学策略的多元化与教学艺术水平的提高,提高师生的交互水平,促进师生的情感交流,提高学习体验感。

1. 优化教学安排

在实践中,如果混合式教学安排缺乏合理性,就会弱化学生的积极性,降低师生的交互水平。为此,需要对教学安排进行优化:一是合理安排参与学生。将同一学校或同一层次的学生安排在一起上课,使教师能够设计和编排符合该层次学生的教学内容和教学方式,使教学更具针对性。二是灵活调整线上与线下的学习时间。按不同课程的教学需求,凝练教学内容,适当减少线上学习时间,增加面授课时,促进师生交流互动。三是优化课程学分规定。通过完善课程学分规定,使共享课程的学分能够切实等价转换为各成员高校的学分,并降低学生选课的随意性,提高学生出勤率。四是提高面授课的质量。结合线上的教学内容,制定相关的讨论主题,增加讨论的系统性和层次性。为学生提供若干个思考方向和切入点,使学生的思想能够碰撞在一起。五是切实提高组织讨论的水平。有效地组织讨论活动,使学生能充分表达自己的见解,从而促进学习效率与理解水平的提高。

2. 丰富教学策略

混合式教学模式中,线上学习经常使用传授式教学策略,明确教学目标,组织、提炼教学内容,安排教学顺序,指导学生学习,达到传授知识的效果;线下学习则常用小组协作学习的策略,通过讨论、辩论、完成项目等教学方法,促进知识的内化。然而,较为单一的教学策略难以满足不同类型课程的教学需求。这就需要采用多样化的教学策略,以适应不同课程的实际需求,提高教学质量。

第一,运用精加工的策略。教师在主题教学微视频开始时先提出问题,接着利用明确的描述性语言指导学生,并利用这一主题的微视频分步骤解决这个问题。学生了解学习目标,促使学生对问题的解决产生吸引力。采取这种教学策略的重点在于:每一小步都需要符合学生的认知水平,并为学生提供带有一定难度的内容,以调动学生的积极性,发挥其学习潜能,为超越其最近发展区而达到下一发展阶段的水平,然后在此基础上进行下一个发展区的发展。

第二,运用抛锚的策略。教师先为问题创设实际的教学情境,利用可交互练习要求学生回答,并且问题均不设正确答案的,给予所有学生回答问题的统计数据,使学习者自己进行对比,引发学习者思考。每阶段的学习完成后,让学生对相应的题目再进行回答,并与之前选择的答案作比较。最后,再将正确的答案与详细解答反馈给学生，帮助学生更好地理解教学内容。

第三，运用合作式的策略。教师为学生制定学习目标与任务，并提供微视频、辅助资料等教学资源。教师组织学生组成学习小组，利用所提供的与网上搜索的资源，进行探究性学习，并共同完成学习任务，最后将学习成果进行展示。这种合作式策略的运用，符合互联网时代的学习要求，促使教师与学生间互联互通，相互学习，并弥补面授机会的不足所带来的情感缺失。

通过结合不同学科的教学需求，灵活运用教学策略，以激发学生的学习热情，调动学习积极性，使学生由“要我学”转变为“我要学”。运用多样化的教学策略，可提高教学者与学习者交流互动的水平，以取得教学相长和情感交融的效果。

3. 提升教学艺术水平

由于在线学习过程中，学生与教师并非直接面对面的接触交流，而是通过预制教学微视频进行自主学习。这就需要教师提升教学艺术水平，营造一个包含教学、表演与情感的学习氛围，以保持学生注意力和激发其学习兴趣。这种教学艺术需要将传授性与教学性、表演性与实践性、情感投入与行为表现相结合。

具体而言，教师可以通过采用启发式的问题和情境设计，创设虚拟的思维对话的空间，引导学生进行同步思考，吸引学生的注意力；可以采取故事叙述的方式讲授知识内容，增加课程的新颖性，以引人入胜的方式提供想象的空间，实现学生的自我建构；根据教学的情境，对自我形象进行管理，使学生感知并非自己独立的学习，以便更好地与学生进行互动和情感交流；还可以通过积极且富有感染力的教学情感态度，进行良好感情沟通，调动学生的积极性。

提升教学的艺术水平，能够更好地提高师生间的交互水平，克服在线学习中教与学的异步所带来的情感缺失，为学生在线学习提供更为真实的学习环境，以激发其学习积极性与主动性。

三、重视教学内容设计

（一）重视教学内容的分解设计

教学微视频内容设计的关键是教学内容的分解设计。从微观而言，教学内容的分解设计即知识点的划分设计，而它科学性的程度影响着教学微视频的效用水平。高校应灵活运用多元化的评价方式，运用教育分析技术，实现个性化教学，激活学生的学习兴趣，提升学习体验度。

1. 知识点划分的基本原则

知识点划分的基本原则：一是遵循一般教学规律，满足教学的需求；二是保持知识体系的完整性与统一性；三是确保知识内容的意义性，以持续激发学习者内驱力。在碎片化学习的需求下，还需注意以下几点。

第一，知识内容的知识点化。教学微视频需要满足碎片化学习方式与学习情境的需求，包含“短、小、精”的知识内容。因此，它需要以一定的模式和方法进行分解设计。在满足知识内容体系化与微型化的情境需求下，对知识内容进行基于知识点的分解设计，使每个微视频均为相对独立的知识点。

第二，知识结构的松散耦合化。知识内容是给予一定的结构体系，但它的结构并非固定的。知识内容的结构与体系会随着不同学科的特性而有所不同。为实现教学的重构，构建开放、动态与个性化的教学，在设计教学内容时，需要注意到知识结构的松散耦合化。另外，教学内容是相对独立的，同时又以一定的结构关系、合理的关联而构成，以保证教学内容的模块化和关联化。

第三，知识点的可重用性。教学内容的分解设计考虑其可重用性，以促进教学资源的建设。在领域知识本体库上，可重用知识点建立一种更细粒度的可重用知识对象，使知识共享处于领域本体库知识点上，以提高教学设计和开发效率。知识点是一种独立的、可重用的教学构件，每门课程包含教学目标和支持其学习目标的若干知识点，知识点均来自领域知识本体库。

2. 基于知识点的内容分解与关联设计

教学内容分解设计是对知识点的划分和设计。在分析教学目标和学习者特征的基础上，进一步分解与明确教学子目标，依据子目标确定知识点内容，从而将教学内容分解为一系列的知识点。一般而言，知识点粒度越小，所包含的知识容量越少则微视频时长就越短。

第一，基于教学目标的内容分解。教学内容的分解方法决定着教学微视频之间的结构关系。依据教学目标将教学内容分解成知识点，保证教学内容的完整性与有效性，教学内容分解可以采用的方法包括：一是归类分析法。首先确定教学内容的类别，再将教学内容按类别归纳成若干教学主题，从而确定教学内容的结构和适应范围。这种方法适合于教学内容逻辑层级不严密的课程。二是解释结构模型法。首先抽取教学内容的核心概念或理论，围绕核心关键词展开成相对完整的知识圈。这种方法用于分析和揭示复杂关系结构，可将系统中各要素之间的复杂关系分解成清晰的多级递阶的结构形式。教师通过知识图谱，串联各个知识点，使知识点碎而不散，让学习者对知识内容形成更为直观的认识。三是层级分析法。这种方法是一种用来揭示教学目标所要求掌握的从属技能的内容分析方法。对于学科知识结构严密,并且知识内容具有明确层级的课程可以采用此种方法。不同层次的知识点,难度等级各不相同,基础性越强的知识点,难度等级越低;而越是在上层的,难度越大。

第二,知识点的关联。依据知识的性质,可将知识点的类型划分为原理类、概念类、程序类和事实类知识点。基于知识点的教学设计使课程表现为一个知识点网络。但要注意,在强调知识点内容独立性时,还要确保教学内容的逻辑性和完整性。知识点的关系主要包括层次关系、并行关系、前驱关系和关联关系:一是层次关系。知识点可以由若干元知识点聚合而成,知识结构中的各知识点之间呈树型结构。层次越高,涵盖的内容越多,所表述的内容越抽象;而层次越低,部分性越强,所表述的内容越具体。二是并行关系。知识点之间是一种弱连接。一般在教学内容较为发散、结构逻辑性不强的课程中,知识点之间会呈现这种关系。三是前驱关系。知识点在学习过程中具有一种必然的先后关系。在学习某一知识点前,必须先学习相关的另一知识点,这两者之间的关系为前驱关系。四是关联关系。关联关系揭示了知识点之间存在着网状结构,指出知识由一组相互联结、相互作用的结点组成。关联关系有利于对知识的融会贯通,形成知识点网络。

将教学内容进行分解与关联,有利于为不同层次的学习者提供个性化学习路径,对教学内容重新分流与组合。随后,学习者完成测试并达标后,可直接进入下一部分课程的学习,提高学习的个性化水平。

(二)精制教学微视频

在线学习以教学微视频作为主要知识载体,因而教学微视频的制作质量和授课形式对学习效果有重要的影响。为此,需要精制教学微视频,并灵活运用多种授课模式,以提高学习兴趣。教学微视频的精细化制作,有赖于教师与专业技术团队的共同努力。

1.建设专业的技术团队

教学微视频从前期的拍摄到后期的剪辑,都需要专业人士的技术支持。基于此,高校可以与相关的专业机构合作,并派校内的信息技术部门共同组成制作团队,为教师提供技术支持。制作团队与教师共同制定视频制作的标准规范,在制作授课录像过程中形成流程化的发布范式,为后续教学视频录像提供经验。同时,制作团队对教师开设培训班,讲解制作标准、说明注意事项并吸收教师的建议。

2. 知识内容的表征设计

在信息技术环境中，人们通常运用文本、图形、声音和视频等多种符号，形成图文声像并茂的表征。多重表征符号给学习者提供多种感官的综合刺激，有利于学习者通过不同方式理解同一事物，提高汲取知识的速度和利用知识的效率。

知识内容的表征设计主要指利用多媒体元素符号（如文字、图片、声音、动画）及元素符号之间的组合呈现和传递教学信息。事实上，同样的教学内容以不同的方式呈现，其效果也有所不同。因此，教学微视频知识内容的表征设计，需要符合学习者学习认知规律和减轻学习者认知负荷。

第一，基于学习认知的知识内容表征策略。基于学习认知规律的知识内容表征策略主要包括：一是根据一致性原则，视频中不含与知识内容无关的文字、声音、视频等；二是根据空间和时间临近原则，屏幕上的文字与其相对应的画面需要邻近呈现，知识内容若包含词和画面时，应该同时呈现；三是尽量使用图片化语言，减轻工作记忆的负担，减少学习障碍，优化学习过程。

第二，基于减轻学习者认知负荷的知识内容表征策略。通过合理的知识内容表征减轻学习者的认知负荷主要包括：一是减少外在负荷。排除无关的文字、图片和声音。在利用动画时，直接讲述知识内容，无需添加字幕。二是减少内在负荷。使用文字加上图片，而不是单独使用文字，也可以把文字和视觉类信息放在一起，同时呈现文字和图片。

3. 视觉呈现设计策略

视频的视觉设计对视频的应用效果产生着直接影响。目前，教学微视频中主要采用改良三分屏式的授课形式为主。这种授课形式具有多样性、灵活性、组合性的特征。而有效的视频视觉呈现能促进学习者对知识内容的认知加工与意义建构，提高视频资源的可用性。

第一，改进授课形式。根据不同的教学内容，采取合适的授课形式，以提高学习兴趣，更好地调动学习积极性。在混合式教学模式中，改良三分屏式为主要授课形式，因而对该授课形式进行升级改造，能够更好地提升教学微视频的质量。其中，改良三分屏式的设计需要做到三点：一是通过镜头、场面和段落的分切和组接，对素材进行选择和取舍，以使表现的内容主次分明，达到高度的概括和集中。二是引导学习者的注意力，激发联想。表现每个模块内容的镜头按一定的顺序组接的镜头，能够规范或引导学习者的情绪和心理，启迪观众思考。三是创造独特的影视时间和空间。在影视节目中，每个镜头都是对现实时空的记录，经过剪辑又可以实现对时空的再造，形成独特的属于该影视内容的时空。

此外，各种类型的知识需要采用不同的授课形式：动作操作类知识一般可用改进三分屏的方式进行授课；操作性的实践知识可用虚拟仿真，如软件工具的学习、程序语言的学习；动作技能类知识可用实景讲授，如舞蹈类、体育类、书法类；以语言传递为主的事实类知识可采用课堂讲授与改进三分屏的方式。

第二，改良视觉页面形式。进行符合学习者视觉习惯的设计，使其学习注意力投入教学内容中，需要做到以下几点：一是页面的整体与局部设计。着眼于页面的整体设计，页面内容主次的把握，明暗度的调和，使页面的视觉各要素之间形成恰当、合理、密切的联系，带给学习者和谐完美的美感。二是对比与平衡的设计。对比可以使主体更加突出、形象更加活跃，产生强烈视觉效果，还需合理把握页面内容的形式、排列、分布的均衡。

四、完善教学评价方式

教学评价既可以用于衡量学生的学习水平，也是教师调整教学内容与设计教学方式的重要依据。教学评价贯穿于教学活动中，引导着教学的开展。通过运用学习分析技术，调整教学方式、建立学生档案袋、丰富教学评价方式，从而促进教学评价的优化完善，进一步满足学生个性化发展的需求。

（一）运用学习分析技术

利用学习分析技术，收集、测量、分析与报告学习者及其学习情境的相关数据，对学习者的学习结果进行评估，从中发现学习中潜在的问题，并能对学习者行为进行预测。它有效地克服了传统课堂教学中收集学习数据的困难。同时，通过学习分析技术，为教学的改善与调整提供依据，并促进学习环境的优化。

第一，改善教学过程。通过学习分析技术及相关分析工具，对学习者登录的次数、频率、时间及周期，看微视频时的停顿、反复、有选择性地观看，使用讨论区时看帖数、参与讨论次数、讨论深度，点击课程内不同模块、不同页面时的频率、时间点、页面间的跳转情况等学习数据进行收集，从而形成学习日记，并对其进行分析，使其转化为有效的学习信息。教师可通过学习信息的反馈，了解学习者的学习习惯与学习经历，及时调整教学的策略，优化教学的过程。学生则能够跟踪自身的学习进度，并及时发现与改善不良的学习行为，提高学习质量。

第二，优化学习环境。通过学习分析技术收集、分析与研究学习者有关下载、标注、观看、阅读等行为信息，与测试成绩、作业分数等结果型信息，将学习者分类，并为学习者推荐合适的学习资源，以提高自身的学习效率，提供个性化的学习。

总之，通过对学习者活动数据的统计分析，教师可以及时修订课程，发现学习者经常关注的资源，以便对学习者感兴趣的学习资源加以丰富，对不感兴趣的资源进行删除，以此来优化学习网络空间。

（二）建立学生档案袋

学生档案袋详细收录了学习者的学习完成情况、作业、作品、所获证书、教师评价等学习信息。它是学习者进行自我评价的主要数据来源，便于学习者进行自我指导和自主学习。同时，它为学习者提供了学习整体进度与每个视频、学习任务的要求进度，并及时更新进度记录与展示，使学习者能够随时监控自己的学习情况，提高学生的学习积极性，增强学生学习的成就感。

（三）丰富教学评价方式

现代教育背景下，传统的以分数高低作为评价标准的总结性评价已满足不了学生个性化学习与发展的需求。高校通过引入附加值评价与"自身进步"等多种教学评价，调动学习的积极性，满足学生个性化学习的需求。

第一，附加值评价，亦称增值评价。它是一种确定一定时期内学校教育活动对学生预期成绩增加的价值所进行的评价方式。通过这种方式可以将学生学业成就的增值与教师的绩效考核相联系，使教师专注于提供更个性化与优质的教学，促进教学质量的提高。

第二，"自身进步"评价。它将学习者自身的进步情况作为评价标准，分析现阶段与前一阶段自身发展、进步情况与存在的不足，使学习者可以更加清楚地认识到学习的价值，调动学习的积极性，并有针对性地对自身的不足进行改善，以提高学习质量。

丰富教学评价方式体现出以学习者为中心的理念，有利于满足个性化教学的需求，提高学习的积极性。

五、搭建人本化教学平台

优化教育资源配置以实现优质教育资源共享，是实施混合式教学模式的必然要求。它通过搭建人本化的教学平台，增强学习体验感，提高学生参与度和学习积极性，促进学习行为的发生。

（一）优化教育资源配置

1. 增加课程有效供给

现阶段，大部分高校共享课程的数量远不能满足学生的需求。为此，需要在严格把关课程质量的前提下，增加课程的有效供给数量，拓宽课程的来源渠道。具体可通过以下方式：一是将合作高校自愿提供课程改为主动提供课程，鼓励各成员高校建设一批有学科和专业特色的课程。二是有效盘活现有教学资源。对现有的精品课程、视频公开课、精品资源共享课进行改造升级，把教学质量高的课程纳入共享课程，增加课程的数量。三是加强与国际高校和 MOOC 平台的合作，共享优质教育资源，将满足要求的 MOOC 进行本土化改造，并引入高校课堂教学。例如，为国外的 MOOC 增添中文字幕与中文版的辅助资源，使学生更容易投入学习。

2. 充实教学场地资源

教室资源不足主要体现为高质量的沉浸式教室与实践场地的欠缺。为此，需要在扩充教室资源的同时，借助技术手段，充实教学场地资源。具体为：一是加大资金投入力度，为各教学点的教室进行升级改造，使其达到沉浸式教室的建设标准，提高师生的互动水平；二是增强与医院、科研机构、工厂等单位的合作力度，扩充实践场地，使学生能够在真实的场地进行实践活动，提高学习体验度；三是建设虚拟和仿真实验室，使学生在线上也能完成实验操作，减少对实体教室资源的依赖。

3. 加大教育信息化建设力度

借助数字校园建设的契机，加大教育信息化建设力度。夯实信息化基础建设，普及建设高速校园网络及各种数字化教学装备，完善信息网络，促进数字教育资源共建共享，推动信息技术与高校教学的深度融合。总之，通过提高信息化水平，提高学生在线学习与线下互动的便利性，促进学生自主学习、自主管理、自主服务，调动学习积极性。

4. 促进优质教育资源社会化

高校在建设 MOOC 的同时，需要注重优质教育资源的社会化，即应将教学效果与运行良好的 MOOC 适时向社会推广，使人们能接受优质的教育，做到以文育人、以文化人，提高国人素质。与此同时，高校在教育资源社会化的过程中，收集各类学习者的学习数据，以优化 MOOC 教学模式，形成良性的循环。同时，以建设 MOOC 为契机，向世界推广中国文化，彰显中国的软实力。

（二）建设人本化教学平台

在线教学平台是进行教学的虚拟场所，也是教师与学生进行交流互动的支点。建设人本化的教学平台既要满足体现教学实用性的要求，也要满足师生使用便利的需要。因此，需要提升信息化技术支撑水平和优化网络课堂设置。

1. 提升信息化技术支撑水平

提升信息化技术支撑水平，有利于提高在线学习的实用性水平。可以通过以下几种方式进行：一是增强网络平台界面的友好度，及时修补系统漏洞，优化在线学习环境；二是建立教育资源共享平台，使教师和学生能够随时共享相关的学习资源，分享学习心得，促进学生进行探索性学习；三是建设贴吧式的讨论区，让学生能够根据不同主题的帖子，进行有针对性的互动讨论，增加学生参与讨论的选择性。

2. 优化网络课堂设置

优化网络学习课堂的设置，有助于提升在线学习的便利性和可操作性。可以通过以下几种方式进行：一是制定清晰的学习指引，明晰每一个模块的作用和操作说明，提高学生自主学习的能力。二是明晰学习进度设置，对超过进度的学生可以给予奖励。而对落后于进度的学生，可以在一个合理的时间内，以邮件、微信、教学平台等方式，提醒学生及时完成学习任务。三是完善评论区设置，解除回复的字数限制，并去除无效的评论，选择有价值的评论进行展示。四是对教学微视频按内容命名，对较有价值的辅助资源进行标识，方便学生搜索资源，提升学习体验度。

目前，中国高校实施的是一种混合式教学实践模式。针对混合式教学中存在的不足，可以采取转变教学观念，管、教、学形成共建合力，重视教学内容的分解设计、完善教学评价，提升交流互动水平，精制教学微视频，优化教育资源配置，搭建人本化教学平台等措施，促进教学模式的优化与完善。

第二节　高校教育教学中创客教育模式的创新建议

根据前文创客教育教学模式的研究分析，下面将高校创客教育的教学优化措施分为四个层面进行阐述：首先，通过完善组织机构的管理和运行体系两个子维度来达到组织层面维度的优化；其次，通过完善创客教育课程体系、组建多元化创客教育师资队伍和举办实践教学活动三个子维度来达到运行层面维度的优化；再次，通过从政府、社会和高校三个主体高位协调推进，建立多方协同育人机制三个子维度来达到保障层面维度的优化；最后，通过建立创客教育多元评价体系和完善创客教育师生激励机制两个子维度达到评价层面维度的创新优化。

一、创客教育教学组织层面创新优化

(一)完善高校管理体系

创客教育实施的前提要素是建立一个完善的组织管理和运行体系,而体系的建立则需要确定的组织框架、组织制度和一定数量的教职人员加入。在此暂且将这个组织机构命名为创客教育管理机构,创客教育中的日常理论教学、实践实操、学科竞赛活动都离不开创客教育管理机构的组织和管理,这个机构既要完成一个普通学院的教务工作,还要负责与外界政府、企业、社会组织对接,形成多方联动机制。具体如下:

在组织机构的建设方面,部分高校主要依托图书馆建立实体创客空间,还可以建立网络平台的虚拟创客空间来建立创客空间,在教学组织上实现虚实结合。实体创客空间在创客组织层面可以随时提供一些创客课程和实践活动,并且由专门的创客老师提供项目指导和孵化;而在虚拟网络平台上可以促进创客们进行各种创客项目、资料、成果等的交流和分享。

在组织机构的管理方面,首先要明确行政主体,明确组织机构由谁来管理和领导的问题,这个问题可以借鉴国内外其他高校在创客教育教学管理方面优秀的经验。不少高校都试图将原来冗杂的教学管理模式简化,建立新的创客教育管理制度,从高校的校长至从事授课的创客教师都有各自负责的管理层面,顶层管理与基层管理相辅相成。还有多数高校通过线上及时沟通创客教育中的问题和完成事项的审批,较传统的教学管理方式效率大幅提升。其次是确定职能与运行规则,保证创客教育教学的管理协调稳定和有序。在创客教育的组织定位方面,强调管理组织不仅是对教师在授课过程中的教学质量管理,还需鼓励教师研发新的创客教育教学资源、教学方法,开展可提升学生创新思维的课后活动,并把这些举措进行标准化的量化考核,两者缺一不可。

(二)优化组织机构的运行机制

在高校,创客教育管理部门是新兴机构,其组织机构较传统的教学机构承担了更多更新的工作。基于此,目前多数高校采用的是抽调其他学院管理人员或以兼职形式完成创客教育的教学管理工作,这些举措虽然解决了创客教育管理人员的编制问题,但实际参与管理的人数和投入工作的有效时间并没有明显增加。而且组织机构的运行中常因为管理人员的双重身份给教学管理带来一些弊端。

实际上，组织机构的优化是将具体任务细化，成立具体的执行部门，共同完善创客管理中存在分工不明确、权责界限不分、教学管控难以实施、教学评价主观化等实际情况。打造强有力的运行机制的重点是人员配置上做到专人专管，组建分工明确的部门，形成高效有力的管理制度，具体为：专人专管是指创客教育的管理者是独立的部门负责人，代替以其他部门员工兼职的形式，从全局管理本校的创客教育组织、实施、考核，对接外部事项；组建分工明确的部门，是指创业学院内部要有教务科、实践科、学工科及办公室等实际部门，保障日常教学任务和创新创业活动；高效有力的管理制度可以保证日常工作有制度可循，场地、经费、用品的使用合理合规。教育的各项工作组织部门可以包括综合科、教务科、科研科、实践科、外联科。综合科，主要管理组织内部各项事务，做好后勤保障等行政事务；教务科，负责日常教学计划的编制与管理、教学效果的评价与监督等；科研科，负责创新创业新方法、新技术的研究，创新项目的申报，科研活动的组织等；实践科，负责实践活动的组织，实践场地、设备、材料的保障，创新创业活动的策划和组织等；外联科，负责校企合作的洽谈，对外项目的沟通合作，联动协同，创新成果的转化等。最后，组织运行机制的优化还需要大胆创新，持续改革，简化办事流程，提高办事效率，提倡无纸化办公、线上审批、网络会议，真正让创客教师将更多时间用于实践教学。

二、创客教育教学运行层面创新优化

（一）完善创客教育课程体系

创客课程是创客教育生态的重要组成部分，是推进创客教育“落地”的重要抓手，也是新课程改革的重要方向和推进动力。目前，创客教育的已有课程多数为各自学科专业课程的融会，主要是创业学院的学生可以学到来自多个专业的课程，但是这种学习方式很多时候会导致学生的知识点较杂，课后不能合理消化，甚至产生适得其反的效果。因此，开展创客教育的课程建设，优化课程大纲、内容，引入 MOOC 等第二课堂等教学方式，是创客教育活动中最为重要的一环，也是改善创客教学中“教”与“学”的重要方法之一。

1. 引入创新创业课程

创新创业课程是一项“综合创新工程”，包含教材、教案、教学设计及实践等的创新。创新创业课程又有广义和狭义之分。广义来说，是指以培养学生创新创业应用能力的各项常规课程，包含艺术设计、计算机、电工电子、3D 设计与打印技术等；狭义来说，是指以培养信息技术与互联网相结合的创新创意素质的课程，包含 Java、Arduino、Phython、STM32、Web及Visual Studio等高技术条件课程。可以说，创新创业课程的核心是跨学科、智能化和软硬件结合。创新创业的课程涉及专业门类广，牵涉多个学科教师，其课程方案的制定需要集思广益，权衡课程之间的必要关系，选出“精课”，排除“水课”，课程的引入既要具有科学研究性，又要有学习乐趣性，还要灵活多变，满足不同层次学生的学习需求。

2. 优化课程大纲

创客教育的课程开展多在课余时间，其教学课时量有限，课堂上教师对课程内容的讲授时长必定需要压缩，需要对课程大纲内容进行优化，提取适用于创客教学的章节知识点重点讲解。首先，创客教育的课程大纲可以结合传统课程的特性和创客教育的教学需求，把重点知识点梳理后加以项目式改造，改造后的课程大纲重新设计了课程体系，引入应用性强的教学内容，使得学生在课程学习过程中强化学科知识、提升创新能力、开拓创新思维；其次，合理设置理论课时、实践课时、讨论课时、习题课时的占比，创客教育课程是非考试课程，习题课时可以不设置，实践课时和讨论课时应较常规课程适当增加，而非应用型理论课时应减少；最后，课程大纲的制定者需要把握全局，在精选课程内容的同时，注重不同课程之间编排的时序性。创客教育的课程内容虽是多学科交叉，但是课程开设的合理顺序对于架构学生的创客思维和创新能力方面也会起到辅助作用。

3. 引入第二课堂

积极开展创客教育的第二课堂，主要包含MOOC、微课、网络社区等线上学习方式，以及立体化的第二课堂等。这些授课方式可以一定程度替代传统课堂授课，节约理论授课时长，方便学生学习，为创新活动提供支持。MOOC的制作应以满足不同学生的需求和引导学生学习兴趣为主，除了微视频外，还应配套电子教材、软件安装包、电子实验案例、软件学习指南及优秀作品等网络资源，同时丰富的资源也为学生带来了更多的学习乐趣，满足不同学生的学习要求。另外，创业学院还应设立网络社区（论坛），并由专人负责管理，创客们可以在网络社区进行技术交流、技术成果展示和分享以及产品交易。网络社区一方面可以提升创客们的获得感、成就感，另一方面可以收到其他人的建议和反馈，从而更好地完善创客作品。

（二）培育多元化师资队伍

组建多元化的师资团队，吸引多学科背景的教师参与创客课程，提升创客教师教学能力，加强队伍的内涵建设，打造一支专业的创客教育师资团队。其中，培养高校创客教师的传统方式包含师资培训班、专家讲座、下企业顶岗锻炼等。但教师通过上述方式只能从个人技能或者本专业的教学教法上得到提升，却很难在短期内获得创客教育TRACK模型中阵列的六项技能，专业教师在创客教育领域的特殊技能难以掌握。针对创客师资队伍的培育新机制，建议打造多元化的师资队伍，提升创客教师的教学能力。

创客教育教师需具备综合的专业能力，包含教学能力、科研能力、设备操作技术、计算机编程及市场推广才能等。创客教师的培育可以是定期集中授课培育已有的专业教师，但短期内高校很难在专业队伍中培育出具备全套创客教育知识体系的教师，可以寻求多学科教师组建创客教育的师资团队的方法，借助各个专业教师在自身领域的专业素养，最大限度地将多元化的教学知识体系搭建起来。另外，构建多元化的教师团队也需要重视学术探讨、协同发展，应定期开展常态化的学术交流活动，增加创客成果和教学科研项目申报。

在教师的教学能力的提升方面主要结合团队内部导师不同的学科和科研内容，以项目式、探究式等教学方式培养教师的专业技能和创新技能，使教师成为某个领域的"自创者"。在教师教学能力的建设方面重视学科引导、实践技能、学科创新能力的拓展。首先，以科研促教学，团队中教师应成为各自学科领域的创新标兵，提高自身教研与科研项目、学术论文和国家专利、软件著作权等科研业绩预期目标，向理论项目要技术转化，从实践项目提取创新成果；其次，以组织创客教学竞赛的方式激励教师提高创客教学质量，设置专项教学奖励，教师获得的奖项在职称评审中得到认可；最后，鼓励教师下企业顶岗锻炼，给予教师足够保障措施，减免企业顶岗期间教师的教学工作量，使教师能够与企业技术人员一起完成实际项目，真正了解最新行业动态，学习前沿技术，掌握市场需求。

（三）开展丰富的教学活动

创客活动是创客教育的重要组成部分，有助于创新思维的养成和创客能力的提升。高校传统课程的实施多以理论授课为主，实践课程为辅，而创客活动为理论知识转化为实践能力提供了良好的契机，能够使学生更好地熟悉创客设备，更有兴趣地投入创客学习，激励学生探索科学知识。创客教学实验教学模块引入目的是使学生学会解决问题的能力，而不是单纯地让学生记住某个知识点。

除课程实践外，积极组织各类创客活动，丰富学生课余生活。高校的创客活动主要以两种形式为主：一是邀请专家、企业家来校学术讲座，分享创新经验和创业经历；二是组织创新比赛、创业竞赛，对有一定创意或者创新实物的团队给予项目扶持资金，有实际注册经营的企业和工商户帮助其融资。在校内开展丰富的创客活动，定期举办创业讲坛,邀请校外知名专家、企业家进校指导,为学生树立榜样。开展校级创业竞赛,如“互联网+”创新创业大赛和校级挑战杯大赛等,达到以赛促学的目的。注重学生暑期社会实践,为学生发放社会实践补贴,鼓励学生参与企业实际项目,了解行业应用动态,为今后创业做准备。定期举办创客竞赛,分创意组、作品组、创业组三类。鼓励不同阶段的创业团队参赛,邀请创业导师赛前指导,根据竞赛成绩设立奖项,颁发证书和奖金。为支持教师指导参赛团队参赛,学校可将教师指导的奖项证书设定为岗位竞聘的业绩之一,从而提高教师的参与度和积极性。通过竞赛可以达到“以赛促教、以赛促学”目的,让参赛教师和学生都能从参赛的过程中获得知识和技能,完成思维碰撞,赛后获得创业指导和资金政策扶持。

三、创客教育教学保障层面创新优化

良性的创客教育发展需要优异的配套保障措施,其中除了高校的政策扶持外,也离不开政府政策支撑和企业的技术保障,三方共同参与,将政策、资金、人力信息高度整合,协同调用。

(一)出台专门创客教育政策做支撑

国家层面的政策支撑和地方政府的政策实施是高校开展创客教育教学管理的重要支撑,可以说,来自政府的支撑政策是打造高校创客环境的一道基本保障。

第一,在政府政策保障方面。首先,是财政政策,政府要支持大学发展创客教育,增大创客教育的资金投入,设立专项基金或奖励基金,支持创客空间的建设、创客设备的购置、创客团队的组建,保障创客教育快速开展;其次,政府可以设立专门的部门,如创客教育管理机构,对接各高校的创业学院,形成自上而下的组织架构,审批政府用于创客教育的资金使用,完成顶层规划,引导社会资本注入高校创客教育;最后,政府可以对各高校的创客教育管理资源进行调配,用于高校之间的协同发展,对社会、企业的技术服务(培训、资格认证)等,同时政府还可以大力宣传重点高校的创客教育,为地方打造出亮点、特色的创客教育,给全社会带来创新创业的良好氛围。

第二,教育政策保障方面。高校创客教育的教育政策制定要有区别化,应符合自身的情况,实施的目的与标准的确立应从促进创客教育的发展出发。教育政策应重视保障方式和评价工作。首先,学校不能单纯有促进政策而无保障方式,创客教育的课堂、空间管理,创新创业活动的保障与普通专业教学一样需要教务处、学工部、后勤管理中心、资产处以及招生就业处等部门共同完成;其次,教育政策需要组织专家定期评价,找出政策中的执行难点与不足,不断完善政策。

此外，教育政策的评价体系应建立在多个维度基础上，并且评价的标准除了创客教学外还要考虑创业就业、教师和学生在创客活动中产生的一系列成果等，根本目的是不断优化创客教育的政策。

(二)通过引入社会力量建立协同育人机制

加大社会力量的投入，由政府保驾，高校牵头，制定适宜的支持政策、投资回报，积极吸引国内相关行业协会、优质企业加入创客教育，共同打造创客教育新体系，建立协同育人机制。具体而言，地方政府主动招才引资，与高校、企业、行业协会联合创建协同育人平台，师资共享，创新成果互享，共同承担管理责任，以保障高校创客教育的顺利开展。

在政府主导下，高校应积极调用社会资源，主动联系社会资本、技术力量和专业人才到创客教育行业。高校对社会资源的关注可以采用以下三种模式：其一，吸引社会资本、热钱、风投转向创客教育，支持创客空间的建设、创客教育的人才招募，将资金的投资渠道拓宽，投资流程简化；其二，争取社会上的技术力量，如最新的技术成果、专利能够落脚高校，为高校的创客教育建设带来实际的效益；其三，扩充人才队伍，吸引海内外优秀人才、企业家来校服务，制定优厚的人才待遇政策，鼓励企业技术人员全职或兼职参与创客教育，为在校的教师、学生定期开展创业培训，传授创新创业经验。

学校引入有实力的企业加盟创客教育，对高校教育教学具有积极作用：首先，对于学校来说，一定程度上解决了学校的资金和技术需求；对于企业来说，通过校企合作，解决了企业人力供给的问题。其次，高校在校企合作中能够了解行业最新技术动态，找寻热点研究方向，促进创客教育的教学方向和实践目标，企业在和高校合作中能够第一时间将学生的创意研究成果转化，快速形成市场效益。最后，对于学生来说，理论知识和实践能力更快结合，对于学生创新能力、创客素养的提升会有更大的帮助。

(三)高校从制度方面进行科学规划

首先，高校应建立科学有效的实践教学管理制度来发展规划，做到凡事有章可循、有据可查，从而保证实践教学任务的顺利执行。高校的创客教育制度规划的重点是人才培养方案和人才培养目标的设立，其次是师资的组成、课程大纲的制定。创客教育的保障重点是资金的投入和场地的建立。基于此，在学校层面，要注意这三方面的问题：其一，要制定创客教育教学具体发展规划。在创客教育教学的人才培养方案上必须将培养学生创客素养的课程放在首位，人才培养目标是培养创新型与应用技术型相协同，具备创新创业能力的高校毕业生。其二，学校层面应有单独的创客教育管理部门，负责总体规划和组织日常教学活动，对创客活动进行考核评价，为创客实践提供后勤保障。其三，建立信息管理平台，方便学生网上选课，教师线上授课和交流，并且通过信息平台还可以整合各方面要素，加快信息的交融，提升创客教育的管理效率。

其次，高校可以制定相应的服务政策来保驾护航。具体而言，对于课程学习，可规定学生修完规定的课程类型和学分，就可以获得创客管理的辅修学位或双学位；对于激励机制，规定创客实践成果获得省部级以上奖励，即获得保送研究生资格，同时拥有成果转化和二次创新在场地、设备、资金方面的指导和支持；对于运营经费，高校需先期投入基础设施建设和创客教学项目种子基金，后期运行经费可依靠企业合作项目、政府专项基金和社会捐助，力争实现自主运行、良性循环。创客空间培育的服务政策在于保障和促进创客项目正常运行，应当充分体现科学性、公平性和福利性。

最后，各类创客项目的审批立项活动，学校应公示具体的操作流程，设置专人专办，减少审批流程、提高办事效率，尽量为教师和学生多留出有效的工作时间用于具体项目。

四、创客教育教学管理层面创新优化

（一）建立创客教育多元评价体系

创客教育的教学评价项目多元化且观测点多，评价指标复杂，因此不能沿用普通课程的考核评价方法，应针对不同高校的创客教育特点制定多元化的评价体系，主要体现在这三个层面：其一，评价内容更全面，创客教育的评价内容除了常规的课堂授课情况外，还需考量创客活动的课后效果，如创新创业项目、创业竞赛、到账创业费用等。创客教育的评价内容较传统课堂教育更加复杂，教学效果所占比重有所降低，而社会服务效果、创新创业的实际成绩、创业活动所带来的社会效益都是评价内容的重要组成部分。其二，评价主体多元化，除参与创客教育评价的专家督导外，还应引入企业管理人员、融资机构人员等。在校专家督导对创客教育的评价带有主观性，企业的管理人员、融资机构人员、媒体人员可从各自角度对高校创客教育进行评价，其他人员的加入将填补创客教育的社会性、服务性、文化性等层面的重要性质。其三，评价方法多样化，包括学分法、统计法和主观调查法等，并且评价的分数需要运用数学公式的加权计算，注重量化，依据统一的标准，主观上对学生作品的创新性、实用性、设计理念打分。总之，每个高校结合自己实际情况选取一种进行评价。

综上所述，高校在推出创客教育评价体系时，也要考量本校已有的评价方式，还需征求教师和学生的建议，满足本校的实践教学特点。评价的最终目的是帮助教师提高创客教育教学能力，鼓励教师积极从事创客教育教学与研究，对参与学校创客教育的教师要算作教学工作量。

（二）完善创客教育师生激励机制

为了更好、更快地促进创客教育建设，对教师的激励措施必不可少。首先，需要有一个总体平稳、逐年优化的激励模式，总体可分为物质激励和精神激励两种。其中，物质激励应充分考虑教师的实际需要，对获得优异成绩的创客教师给予奖金、奖品；精神激励则主要起到辅助作用，可以是考核优秀证书、荣誉证书等。对于学生层面，可以从学生关切的升学、奖学金等方面酌情考虑，对于创新创业表现优异的团队个人，开通保研通道、定向就业通道，让学生无后顾之忧，全心投入创客活动；也可以增设创客专项奖学金促进学生参与创新创业。与此同时，高校还可设立创客奖学金，对在创客学习和活动中表现优秀的创客给予奖学金奖励，并优先参与学校内的荣誉评比。

其次，设立专项资金，用于创客项目的理论研究、实践研究也是很好的激励方法。例如，物质奖励可以设置专项学术奖学金、绩效奖金、项目奖励等方式；精神奖励可以是创客教师在实施教学过程中学生的学习效果反馈、竞赛获奖、教学荣誉、科研成果认定、提升岗位职称等。最后，回归创客教育教学本质，扶持微课、教材、虚拟仿真课程等教学项目的建设，让教师愿意投入精力到教学的内涵建设中去。

综合而言，随着全球5G时代的到来，人工智能、大数据、虚拟现实等高新技术井喷式发展，科技创新引领时代进步，政府确定支持发展“众创空间”的实施与建设，出台了鼓励大众创新创业的一系列政策措施，在此推动下高校创客教育应运而生。高校发展创客教育正是深化国家教育改革，培养创新型人才的有效途径，而高校发展创客教育的关键正是教学管理的改革和创新。

第三节　高校教育教学中人本化教育模式的创新建议

现代教育背景下，我国高校教育在教学和管理中还存在很多问题，因此必须对高校加以改革和创新。高校教育创新首先要进行观念创新。观念创新是改革发展的前提条件，即在高校教育教学中不仅要把以人为本作为一种教育理念，还要在教育内容、教育方法、教育评价上坚持以人为本的教育原则，在具体管理措施上灵活运用以人为本的教育方法，总之就是要在高校教育环境中营造以人为本的教育氛围，充分发挥以人为本的能动作用。以人为本正在成为整个社会领域发展所必须坚持的理念，在这种情况下把以人为本引入高校教育教学中，是社会发展的要求，也是高校自身改革发展创新的实际需要。

一、树立以人为本的教育教学理念

目前，高校教育教学面临着新形势的挑战，全面发展素质教育的思想要求高校教育必须进行思想上的改革创新，只有思想上进行创新，行动上才能有所改变。《中共中央关于加强党的执政能力建设的决定》明确指出：坚持尊重人、理解人、关心人，有针对性地解决不同社会群体的思想问题，既要鼓励先进又要照顾多数，既要统一思想又要尊重差异，既要解决思想问题又要解决实际问题。因此，在高校中坚持以人为本的教育教学理念，就要树立“尊重人、关心人、理解人、发展人”的理念，把尊重人作为教育的前提，理解人是教育的基础，关心人是教育的切入点，而发展人则是高校教育的根本目标和归宿。

（一）树立尊重人、理解人的理念

自尊心人人都有，渴望得到尊重是大学生对教师的基本要求。教育活动是双向的，教师首先要尊重学生，才能赢得广大学生的爱戴；理解也是双方的，教师不仅要理解学生的思想情感及差异性，学生也要理解教师的良苦用心，这种师生之间的相互理解，使师生之间关系融洽。在高校中树立尊重人、理解人的理念，不仅是教育工作者应具备的职业道德，也是保障学生主体地位，从而取得良好教育效果的前提。

首先，要尊重学生人格。大学生进入知识丰富的大学校园时期，其自我意识接近成熟，他们显得更具有自我意识和独立意识，这个时期尤其渴望得到别人特别是老师的理解和尊重。教师对学生有教育管理的权利，但在新型师生关系中，师生在人格上是平等的关系，即学生是具有独立的社会地位和法律地位的人，享有宪法、民法所赋予的一切权利，他们有自己的人格和精神世界，在人格上与教师处于平等的地位。因此，教师要尊重学生的人格和主体地位，在教育活动中保持对学生的尊重和理解，这也是师德的基本要求。

其次，要尊重学生的权利。每个人都是生而自由又平等的，在高校中具体体现在：学生享有选择课程、选择专业和选择教师等多方面的权利，教师和高校管理人员都不能随便践踏学生应有的自主权。因此，高校教学要树立民主的管理理念，营造民主的教育氛围，在教育教学和管理过程中，以情感教育为前提，加强和学生的沟通交流，真正做到尊重学生各种权利，走进学生的内心世界。

最后,要尊重并理解学生的个性和差异。随着社会的不断进步,市场经济的不断发展,大学生愈来愈具有自己独特的个性,在思维、知识构成和身心发展等方面也存在着差异。理解学生就是要理解学生的思想实际、心理实际和生活实际,由于大学生从小所处的环境和所接受的教育不同,这就要求高校教师更应该多加注意和观察学生的个体差异性。作为高校的教育者,更要尊重并理解学生具有的个性,尊重学生独立自主的意识,培养他们的独立能力,善于发现他们的长处,这样才能激发学生的创造思维和创新意识,激发他们学习的积极性和主动性。

总之,尊重学生是教育的前提,理解学生是教育的基础,没有尊重就没有教育,没有理解也就没有尊重。但要注意,教育者树立尊重人、理解的人理念绝不是毫无原则地放任学生自流,也不是对学生所犯的错误不加管制,而是以学生的发展为中心,以法律为准绳,坚持尊重理解学生和严格教育学生的原则,不断使学生正确认识自我和完善自我。

(二)树立关心人、发展人的理念

学生工作是高校教育的重要组成部分,也是高校开展教育活动的主要环节,这就要求高校对学生的教育要转变观念,树立关心人、发展人的理念。关心学生是每一位教师应具备的基本品质。但在现实生活中,一些高校教师和学生之间的关系却很是淡漠。师生只有在课堂上才能见面,甚至个别教师只是完全应付上课。现如今,高校都是大班上课,一个教师要教很多的学生,一些教师对自己所教学生都不认识。这样教师和学生之间就缺乏交流,更不用说关心学生。因此学会关心学生,怎样促进学生全面发展就成了当前高校教育工作者面前的一大课题。

首先,要关心学生的切身利益。我国社会主义市场经济体制的确立,一个重要依据就是要合理利用人们对利益的正当追求,推动全社会前进。随着社会的发展和时代的进步,身处其中的大学生思想也比较复杂,都在不断追寻自己的合理利益。高校教育者要在思想认识上适应时代的变化,关心学生在生活、学习和就业方面的切身利益,帮助学生树立正确的荣辱观和义利观,切实提高对大学生进行教育的实效性和针对性。

其次,要关心学生的内心世界。教师应该帮助在学习中和生活中有困难的学生,只有真正关心学生,才能有效地教育学生,而要做到这样,教师还要不断提升自身素质,给学生树立良好的形象。与此同时,教师还要放下架子,学会倾听学生,多和学生进行交流,把学生当朋友来对待,走进学生的内心世界,才能够明白学生的内心世界和他们的真实想法,从而做到切实关心学生,促进学生的发展。

最后，要关注学生的发展需要。高校教育首先要帮助学生如何更好地生存，这就要求高校教育工作者要真正以学生发展的教育理念进行教育教学，充分肯定大学生在个体发展中的主体地位。关注学生发展的最终目的是促进人的全面发展，而在高校教育这一特定的教育环境中，更多地强调在教育过程以及教育活动中，把学生的发展愿望放在教育首位，从学生内在发展需要出发，最大限度地满足学生成长成才的需求，使学生掌握适应未来社会的能力，最终实现自我发展。

二、建立以人为本的教育教学体系

（一）确立以人为本的教育教学目标

高等学校的教育教学目标应该体现人本精神，把促进大学生的全面发展作为培养目标，并在此基础上关注学生的个体差异，实现大学生的个性发展，以培养创新精神和实践能力为主要目的。同时，要明确教育目标的制定是教育内容、教育方法和教育教学评价的主要依据，如果教育目标的制定不符合学生发展的需求，那么就会影响教育教学过程的实施和评价。

教育是民族振兴的基石，教育公平是社会公平的重要基础。要全面贯彻党的教育方针，坚持育人为本、德育为先，实施素质教育，提高高校教育现代化水平，培养德智体美全面发展的社会主义建设者和接班人，办好人民满意的教育。这体现了以人为本在教育中的重要地位，要培养以德为先的全面发展的人。大学教育的第一使命应该是使大学生形成完善的人格，而非具体专业技能的培养。

高校的教育培养目标应以大学生的全面发展为目标，满足大学生的个性发展，从学生自身的实际需要出发，因材施教，使其创新能力和实践能力都能得到充分发挥，而以人为本的教育理念不要求预先设定教育目标，它要求学生培养模式是能动性的，是鼓励学生的创造性和互动性的。然而，我国目前的教育培养目标，更加注重对学生知识结构和接受能力的培养，忽视学生个性的发展，教师应鼓励学生接触新的理论来解决问题，提高学生的学习兴趣，激发创造力。因此，高校要真正做到以学生为本，首先就应该转变教育观念，把以人为本作为第一位的教育观念；其次重视对大学生的创新教育，提高学生的创新能力，以满足学生的创造力和个人发展的目标。

（二）传承以人为本的教育教学内容

高校的教学内容直接反映着我国的教育目的和培养目标，是保障和提高高校教育质量的核心环节，而高校教育教学改革的实质内容主要表现在专业、课程、教材、教师等方面。因此,对这方面的改革创新是我国高校教育教学改革的突破口。要改革就要有思想上的创新,就要把以人为本贯彻落实到教育中来,真正使高校教学内容的制定符合学生的全面发展。

1.加强通识教育和人文教育

早期,我国高校的教育教学主要偏重学生对基础知识和基本技能的掌握,强调对高级专门人才的培养。这种教育便于组织学生教学,但过细的专业划分、过窄的课程设置口径和固定的课程结构,无法使学生的素质得以综合发展。20 世纪 80 年代后期,我国的高校教育教学开始从强调培养专业人才转向重视学生全面发展的素质教育,但通观我国高校人才培养模式,仍然存在着过分重视专业教育的倾向。针对这种现象要加强大学生文化素质教育,课程内容的选择应尊重学生的兴趣和特长,满足学生的需要;同时高校还应提供丰富的课程资源供学生选择,开展通识教育教学改革,淡化专业教育,统一设置通识教育基础课程和学科专业基础课程,并对学生学习的通识教育课程学分进行具体规定。此外,市场经济的发展使得高校教育忽视对大学生进行人文精神教育,在这种情况下更应该对教育教学内容进行改革,既着眼于现实,更注重面向未来。人文精神是一种普遍的人类自我关怀,是对一种全面发展的理想人格的肯定和塑造,人首先要成为一个人,而不是一个工具。因此,要逐步把高等教育的教育内容由传统的传授知识的教育转变为以构建通识教育与专业教育相结合的教育教学模式,加强人文精神教育,从而突出大学生的综合素质,以便在教育内容上贯彻落实以人为本的教育思想。

2.提高学生自主创新能力

大学的教育内容要贴近实际,在课堂教学中,教师应选择一些具有鲜明时代性的课题,通过讲授这些内容,拓宽学生的视野,使其明确其自身肩负的历史责任,进而提高他们的思想认识水平,让他们认识到通过课堂教育能解决他们真正的实际问题,从而进一步提高他们对高校教育内容的认同程度。

另外,学生的学习动机和积极性主要取决于学生自身的学习需要,对学生学习需要的满足就是不断激发学生学习的动力。现在高校教育的一个潜在前提或者说基本立足点就是高校大学生的就业生存问题,要想使大学课堂真正吸引大学生,让大学生参与到课堂活动中,高校一定要加强对学生进行实践创新能力的培养,改革实践教学环节,大幅增加学生自主创新的能力,扩大学生的知识面,培养学生的学习兴趣,全面提高学生的综合素质和创新能力,为大学生走出校门向社会过渡做好心理上和思想上的准备。

(三)运用以人为本的教育教学方式

在教育过程中,教育教学方式是教育者与被教育者进行沟通和交流的桥梁,只有有效的教育方式才能对学生起到良好的教育效果,单一的、枯燥的教育方式显然是不利于当今大学生主体地位的体现的,也是不利于学生全面发展的。简言之,良好的教育教学方法与先进的教学手段是保障教学质量的重要方面,因此,只有按照以人为本的教育原则进行改革创新,才能真正体现学生的主体地位和个性发展。

1.建立以生为本的教学模式

要建立一种以学生为中心的教学模式,对学生进行全面的分析,因材施教,针对不同学生的特点和优势采用不同的教育方式。

教学模式是指在一定的教育思想、教学理论和学习理论指导下的、在某种环境中展开的教学活动进程的稳定结构形式。“以学生为中心”的课堂教学模式是指在课堂教学中坚持“以人为本”的价值理念,重视教学过程的探索性,重视教学中师生的交往和对话,积极培养学生创新能力的结构形式。只有这样,学生才能真正成为学习的主体,而教师则只是教给学生如何学习,帮助学生培养学习的兴趣并找到学生自身发展的优势,有助于形成教师和学生之间良好的互动。只有在这种教育方式的引导下,高等教育才能培养出富有活力和创造能力的大学生,有利于大学生的长久发展,真正在教育方式上体现以学生为中心的原则。

2.创新教育教学方式

高校管理者和教师应该采用多样化的教育教学方式,积极探索启发式教学法,如引导式教学法、问题与发现教学法、团结协作法等,调动学生的学习积极性,培养他们分析问题、解决问题以及如何有效获取和利用信息的能力,并改革实践教学环节,加强实践教学建设,培养学生创新实践能力,以提高学生的素质与能力。

(四)构建以人为本的教育教学评价体系

对教育教学进行评价的根本目的是提高教育的质量,检测教育的目的是否达到了应有的标准,是否促进大学生关于全面发展的要求。在这一教育评价的要求上,我国现行的教育教学评价必须体现以人为本的价值观念,要以有利于学生和教师的发展为宗旨,注重学生在学习过程中不断取得进步,激励学生内在的学习动机,最大限度地调动学生的积极性与主观能动性,从而实现人的全面和谐发展。

1.创新式教育教学评价制度

到了大学阶段,还以考试分数为主要评价方式的制度不能促进学生的全面发展,也不能体现以人为本的教育教学目标。在这种情况下要改革现行高校的考试制度，建立正确的高校教育评价制度。树立以学生全面发展的考试观，在评价学生时，多鼓励学生参与社会实践，并把平常的社会实践和课堂表现等按照一定的比例作为最后成绩的一部分，把培养大学生的创新精神和实践能力作为主要的评判标准，从而体现对大学生全面发展的要求，强调教育评价对教学目的的促进作用。

2. 多元化教育教学评价方法

现代教育背景下，高校要建立科学的多样化的评价制度，针对不同学生实施不同的评价标准，而不是只使用单一的考试分数来评价学生。由于每个人的兴趣和特长都不同，这就要求高校要根据每个大学生的特点和兴趣采取多样化的评价标准，体现对学生全面发展的要求，更加注重对学生人性化的关注，要根据不同的学科门类采用灵活的评价方式。例如，对于普通文科记忆性的学科，可以根据实际情况采取开卷考试的方式，有利于发散学生思维，增强学生的创新意识；而对学习理科的学生则可以主要考查学生的实际操作能力和创新能力。另外，单纯的考试评价不可能十分准确地反映大学生的实际水平和综合能力，因此可采取教师评价与学生自评、互评相结合的方式，结合学生日常表现全面、客观地评价学生的知识和能力，体现大学生主体的个性差异。

3. 多样化教育教学评价方式

目前大部分高校对教师的评价多注重教师所发表的论文和科研水平，可能使得部分教师忽视对学生的教学工作，导致大学课堂个别教师草草应付了事，没有关注学生对知识是否理解，忽视了学生在课堂上的主体性。因此，高校要实现以人为本的教育目标就必须改革对教师的评价方式，建立教师科研与教学相结合的教师评价制度，调动高校教师不断提高创新能力的积极性，加大教师对教学的关注程度。多元评价方式使教师把自己的科研和学术成果融入教学之中，让学生也能参与对学术和科研的研究。同时，在课堂教学上真正做到以学生为中心，考虑学生真正需要，而不是应付上课，加大学生的动手能力，提高学生分析问题和解决问题的能力，这样才能有利于教师和学生共同的发展与进步。

三、实施以人为本的管理

（一）确定管理即服务的理念

在高校中要实现民主管理，首先作为高校的领导者要转变观念，树立“管理即服务”的理念，完善教育服务管理体系，为被管理者提供使得自身全面发展的各种服务，而不是给他们施加控制和管束。

高等教育理念与办学制度是相辅相成的，以人为本的管理还要求管理者学会尊重广大师生员工，坚持一切从师生员工的利益出发，鼓励学生参与学校管理，调动学生参与民主管理的积极性，让学生在广泛的参与中进行自我教育，从而充分体现其在高校中的主体地位和民主权利，切实提高学生的综合素质，增强师生员工对学校的归属感。

（二）建立民主的管理制度

民主管理是人本管理的重要内容和重要手段，是大学民主环境和氛围形成的基础，也是高校管理的重要特征。学校管理归根到底是对人的管理，自然应该做到以人为本，重视并做好人的管理工作，建立民主的管理制度，保证以人为本在高校教育教学管理中的全面贯彻落实。要改革高校现行的管理制度，强调管理制度上的伸缩性，由刚性管理转变为弹性管理，做到高校中的人人都能参与管理，共同促进高校发展。

学籍管理制度是高等学校教学管理和学生管理的重要制度，也是大学生从入学注册取得学籍到毕业资格审查认定获得毕业证书的全过程的管理。现如今高校大都实行以学分制为主的弹性学籍管理制度，要求学生修够一定的分数即可毕业，但在实际运用过程中，一些高校的学籍管理制度比较死板，没有体现学生的主体性，也缺少一定的弹性。因此，高校应建立灵活的学籍管理制度，具体如下：

第一，允许学生根据自己的实际情况和爱好选择专业，以激发学生学习的主动性。很多大学生在进入高校之后才发现自己对当初选择的专业一点不感兴趣，特别是对调剂去的专业更没有一点兴趣可言，这就严重打击了学生学习本专业知识的动力。因此，高校要在学籍管理上允许学生在一定条件下转专业，通过转专业让学生转入自己更感兴趣或更适合成才的专业学习，使其个性与特长得以发挥，最终成为社会有用之才。

第二，允许学生有自由选择课程的权利，让学生根据自己的兴趣选择相应的课程。高校应适当控制必修课的比例，增加选修课的比例，建立完善的选课系统，因材施教，让学生建构自己的知识体系，使学生在跨学科、跨年级乃至跨学校间都能达到自由选课，做到课程资源共享。同时，允许学生在满足专业培养的前提下，自主选择自己喜爱的教师，选择不同层级的课程，让学生积极学习，主动建构自己的知识结构。在课程设置上，让学生有足够选择自己喜欢课程的权利，如学工科的可以选择经济和管理方面的学科，学经济管理的可以选择法律方面的学科，即从制度上帮助学生完善知识结构，使学生成为具备多种知识技能的复合型人才。

（三）实施民主的管理措施

在高校管理中，有了民主的管理制度，还需要有具体的办法和措施，才能使制度得到实实在在地落实。因此，要建立教职工和学生代表大会，实行校务公开，创建师生员工参与民主管理的环境，搭建师生表达民主意见的平台，给学生和教师以充分自由治理高校权利。具体而言，高校要让广大师生员工从学校和自身的发展出发，通过教代会、学代会等高校民主管理的形式积极主动地参与学校的各种事务管理，从而增强师生成员的归属感，提高广大师生员工参与到民主管理、民主决策和民主监督的积极性和主动性。

大学生作为社会中的高知识群体，其自我意识和民主意识明显增强，因此就迫切需要更多参与学校管理的权利。目前大学生已经成为高校不可忽视的参与民主管理的新力量。一所高校民主化的程度在一定程度上决定着学生参与高校民主管理的程度，高校能否为师生员工搭建好顺畅的参与平台，让民意有良好的渠道得以表达，直接影响着高校的管理者在学生心目中的威信，也影响着学生参与管理的热情和信心。因此，高校要坚持以人为本，坚持以学生为主体，让学生有表达心声的平台，为学生创造自由民主的环境，遵循教育教学发展规律，才能进一步健全和完善高校的管理制度，把各项具体管理措施落到实处。

四、增加人本化教育课程的设置

（一）增加经典导读课程

教师应以经典文本阅读为中心进行导读教学，并教会学生阅读的方法，指明领悟、实践的途径，尤其应注重精神的历练与思维的操作实践。比如国学经典是中华民族传统文化的优秀代表，教师应该引导大学生多读书，读好书，尤其是国学经典系列的图书。大学生的阅读能力、理解能力较强，非常适合多读书，读书就是同伟人交谈，能够凭借伟人的视角帮助大学生看清世事，能够在伟人的人格魅力的影响下净化大学生的思想境界，从而在潜移默化中有效提高大学生的觉悟认识。在阅读经典过程中，大学生能够从经典文本研读中获得思想、智商、情感方面的启发与带动，在经典文本承载的优秀精神感召下深刻自省自检，从而实现个人的发展。需要明确的是，读书虽然不能取得立竿见影的速效作用，但是经典文本中的优秀精神财富会在潜移默化中一点点影响大学生，使大学生慢慢转变，走向成熟。

（二）营造教育教学的人本氛围

在大学生教育教学工作过程中，教师应积极开发人本化教育课程中的人本因素，让“以人为本”的观念深入人心。通俗地说，大学生是教学活动的实施者和体验者，是教师教学意图的实践者，在此过程中教师如同自助餐厅的老板，为大学生的自主学习和合作探究准备好各种食材和工具，然后教师就退居二线，大学生就成为食材和工具的主人，开始利用教师准备好的食材和工具制作各种自己爱吃的食物。其实，无论大学生如何制作自己喜爱的食物都会吃掉教师准备的食材，都没有脱离教师划定的活动范围。例如，在思想政治教育过程中，教师经常利用优秀人物的光荣事迹教育和教导大学生应具备助人为乐、扶危济困等优秀品质，但简单的说教活动可能无法使大学生真正接受，教师可以让大学生通过角色扮演将优秀人物的经典案例表演出来，让大学生在活灵活现的经典案例中现场分析现场讨论，因而能够取得较好的效果。总之，让大学生积极参与课堂教学是构建人性化课堂的首选途径，是实现大学生学习主体地位的必然形式。

大学生是课堂学习的主体，这一观点已经达成共识，大学生的身心发展已经成熟，拥有足够强的自学能力、合作能力和探究能力，因此，大学生完全能够凭个人能力成为课堂学习的主人。在大学生教育教学过程中，教师要积极向课堂教学的“导演”转型，为大学生的课堂活动制定好表演内容、活动顺序、时间安排、活动要求等项目，为大学生提出参与课堂活动的具体要求，让大学生保质保量地完成各项学习活动，而教师就像导演一样及时关注大学生的现场表演，将大学生课堂扮演过程中存在的问题记录在心，为以后课堂活动要求的制定提供足够多的参考信息。大学生在参与课堂教学过程中心情愉快，从而让大脑处于亢奋状态之中，因而对课堂活动的记忆效果较好，也能够达到深层次理解。

五、建设以人为本的校园文化

校园文化是以社会先进文化为指导，以师生文化活动为重要内容，以校园精神为核心，由校园里广大师生员工在长期的管理、教学、科研、学习及服务等活动中共同创造的学校物质文明和精神文明的总和及其创造这种文明的过程。在高校中建立浓郁的人本文化就是指校园物质和非物质的文化都能体现出人文的内涵，体现以学生为本的精神理念。

（一）建设浓郁的人本文化

校园文化的构建必须坚持以人为本，并与维护和实现广大师生的切身利益紧密结合，合理进行校园环境规划，同时建设优美的校园环境和民主的校园文化设施都要体现本校的特色。

1. 建设人性化的校园环境

人的存在离不开环境，培养全面发展的人需要营造积极向上的教育环境。校园的物质环境是大学生在学校生活的基本条件，对学生的终身发展有着重要的作用。大学校园环境是校园文化建设的重要组成部分，学生日常生活在大学校园里，因而它是高校学生直接接受熏陶的地方，对学生的德、智、体、美、劳发展都有很重要的影响。校园的景观设置还要对学生有启示性，发挥其育人的功能，使受教育者的身心获得自然美的熏陶，不仅要给大学生一种舒适的感觉，更要时刻提醒大学生要珍惜美好时光、不要虚度光阴，让学生在校园生活中感受文化的熏陶。人性化的校园环境是一种很大的精神力量，因此建设优美、和谐的校园环境，处处体现以人为本的内涵，都有利于提高大学生的素质，从而使大学生能拥有健康的体魄和良好的心态。

2. 构建校园网络交流平台

随着信息网络技术的快速发展，网络已经成为人们生活当中不可或缺的一部分，而处于社会发展前沿的高校也就成为社会信息化程度最高的场所，其自身的发展是离不开网络的，身处其中的大学生也成为与互联网最为紧密的人。网络已经走进了高校师生工作、学习、生活等各个领域，大学生的价值观念和生活方式等正悄然发生变化，这些变化都给高校的校园文化建设带来了新的课题。

网络是校园文化建设中比较重要的物质载体，高校发展需要有网络作为其物质基础，因此加强网络硬件建设，能够为网络环境下的校园文化建设提供物质保障。校园网就是在新形势下高校所衍生出来的新型区域网络，其在学生和教师的工作学习中发挥着很大的作用，正确使用校园网，充分发挥大学生在校园网中的主体作用，丰富学生网络资源，建设校园网络交流平台，使之成为教师和学生表达心声的网络平台，发挥网络环境下校园文化在加强和改进大学生思想政治教育、全面提高大学生综合素质中的作用，引导师生树立优良的道德品质和健康文明的行为方式，使得师生更好地参与到学校教育教学管理中，从而体现出以人为本的教育理念。

3. 构建洁净的网上精神家园

校园文化是一种非常具有教育能量的潜在教育资源，能够在潜移默化中对大学生的思想发展和健康成长产生积极的促进作用。建设和谐校园文化是塑造大学生的健康人格，提高大学生的思想道德素质，培养大学生的创新能力和实践精神的需要。校园文化建设的目的就是通过营造积极健康的人文环境，提升大学生的道德情操与思想修养，帮助大学生形成积极健康的完美人格，从而有效提高大学生的思想素质。在校园文化建设过程中，大学生是校园文化建设的中坚力量，也是校园文化建设的实际参与者和过程组织者，大学生在形式多样、内容丰富的校园文化活动过程中可以有效培养个人的兴趣爱好，也在表现自我能力的过程中获得较为愉悦积极的良好情感体验，进而产生主动参与、快乐合作、敢于探究、勇于创新的可贵动机，直接促进大学生组织能力、交流能力、交际能力、管理能力等方面的全面提升，进而为大学生成为国家建设的栋梁之材奠定坚实的基础。

校园文化中的网络文化建设是非常重要的内容之一。基于此，高校必须认真分析当前网络环境下大学生教育存在的问题，并根据网络的特点，要做到以人为本，创新观念，优化网络资源，不断丰富网络文化。网络是大学生打发闲暇时间的至爱，很多大学生没事就上网已经形成习惯，尤其是晚上，上网的大学生会更多。然而，良莠不齐的网络在帮助大学生获得有益信息的同时，又携带很多不良信息，诱惑和腐蚀着个别自制力较差的大学生的思想与灵魂。因此，少上网、上好网就成为改善大学生上网环境的首选。针对上述问题，教师可以组织大学生建立 QQ 群或微信群，像组织社团一样，有篮球群、足球群、乒乓球群等，将现实版的社团活动转移到网络之上，让大学生在网络上继续进行社团活动，从而让大学生的闲暇时间更有意义。喜欢看时事的大学生可以在时事群里或微信里看新闻，从而有效避免网上不良信息的干扰。另外，大学生也可以组建班级群，强化本班同学课外的即时联系，一旦有人遇到困难，就会有人出谋划策，从而能够营造出团结友爱、互帮互助、休戚相关的幸福大家庭氛围，真正实现相互关爱、温馨成长。

4. 建设良好的校风

校园的精神文明建设要坚持以人为本的理念，尊重学生的主体地位，为学生的健康成长和全面发展创造良好的精神氛围，创造人文化的环境，处处体现人文关怀。建设以人为本的精神文化要从办学理念、校风、校训等方面入手。其一，构建以人为本的校园环境，不仅要把以人为本作为高校发展的理念，还要建设良好的校风，体现高校自身的特色。其二，校风是一个学校各种风气的总和，是学校在办学过程中长期积淀而成的具有行为和道德意义的风气，也是在校内乃至社会上具有极大影响并被普遍认可的思想和行为风尚。良好的校风是一所大学精神文化中的核心，高校自身的校风一旦形成，就会对全校师生的思想、行为和精神面貌等产生潜移默化的影响，可以说培育优良的校风是校园文化建设的重要任务。综合而言，高校领导要将以人为本理念贯穿到建设校园文化的全过程中，建设优良校风的关键是领导要以身作则、树立为师生服务的理念，允许学生犯错，拥有博大的胸怀，严以律己、宽以待人；教师也应做到为人师表，增强道德修养，正确引导学生的行为规范，处处发挥模范带头作用。

(二)营造和谐民主的新型师生关系

在高校中营造和谐的人际关系是以人为本的校园精神文明建设重要的组成部分。高校的活动主体包括高校教育管理者、教师和学生,而这些关系中,教师和学生是教育活动的主体,因而师生关系就成为最主要的人际关系。

现代教育提倡的是教学民主和教学自由,营造和谐的师生关系就必须从师生关系的重建入手,关注教师和学生的需求以及师生之间的情感与精神交流,以确保学生在教学活动中的主体性,这样才能够建立和谐民主的新型师生关系。高校和谐师生关系的构建要以“人”为出发点,教师和学生是主体,两者虽然任务和角色有所不同,但都作为“人”存在于教育教学活动中,两者互相依存,缺一不可。在教学过程中,高校教师不仅要作为对学生知识的传授者,还要做学生的朋友倾听学生心声,这种关系才是民主、平等、友好、和谐的关系,可以更好地发展学生的主体性和创造性,充分发挥学生的创新潜能。教师传授知识时,更应该鼓励学生主动学习,进行创新性学习,而不能只有自己滔滔不绝地讲解,不顾学生能不能理解,应该建立宽松自由的课堂环境,让学生勇于发现问题,调动学生学习的积极性。

新形势下,要营造以学生为本的新型师生关系,就应该首先抛弃那种教师高高在上、灌输式的课堂教学方式,把教学过程看作是一个师生实践双向互动的过程。对于教师特别是高校教师来说,教师的责任绝不应是培养出高分低能的学生,而是应该培养出个性鲜明并富有创造性的人,要多和学生交流,注重保护学生隐私,维护学生的合法权益。由于大学生都是有着独特思想的成年人,因此在高校教育教学中要真正实现学生的主体地位,教师自身首先要转变观念,树立以学生为本的理念,从而建立民主平等的师生关系。

随着以人为本思想的提出及深入,在高校教育中坚持以人为本也是高校发展的必然要求:一是有助于让更多的人了解以人为本的内涵及价值,既要了解把握其理论内涵又要挖掘掌握其事实的价值目标;二是有助于发展完善以人为本在高校教育中的意义;三是有助于大学生主体性理论的进一步发展,也有助于进一步推动高校教育中以人为本的研究,以巩固高校教育中学生主体性的地位,并为高校全面发展的创新型人才提供理论依据。

第四节　互联网时代背景下高校教育创新之 VR 教室

一、VR 教室教学的理论基础

(一)戴尔经验之塔理论

戴尔认为:人们知识的取得,一是由自己的直接经验获得,二是通过间接经验获得。当学习是由直接到间接、由具体到抽象时,知识和技能的掌握就比较容易。戴尔经验之塔把人们取得知识的来源经验分为了三个层次:做的经验,观察的经验,抽象的经验。做的经验位于塔的底层,是最为直观和具体的过程。越往塔的上层,塔的范围慢慢缩小,也就是在生活中由做过渡到观察再到抽象思想的发展。不同的媒体元素分置于不同的塔体结构中,形象地体现了各种经验的抽象程度。

戴尔经验之塔对实验教学有 4 点启示:一是有效的学习方法,让学生自己拥有丰富的具体经验,从经验入手慢慢过渡到抽象经验。二是具体经验只有上升为学生的理性思想才能真正达到教育的效果。三是视听教具处于塔的中层,能给学生比用言语、符号更为具体和易于理解的观察的经验,也不受时空限制,能让学生产生直接经历的经验,强化学习效果。四是具体经验容易使教育过于局限于具体化,这将对教育产生很大的危害。

戴尔经验之塔理论强调实际的体验,认为知识取得的基础是做的体验。基于 VR 技术的多媒体系统虚拟实验是采取 VR 技术构建一个虚拟的学习场景,在计算机屏幕上模拟实际实验室操作的整个过程,这个操作过程中遵循实际实验教学的要求,虚拟的实验器材功能、特点也完全体现实验器材的性能和形态。

戴尔经验之塔理论还告诉我们:直接感知需要通过观察思考,形成抽象的理论知识,这是学生最易接受直接的知识。受教育者不仅需要感知,更需要直接动手操作、体验。在以 VR 技术为基础构建的虚拟教学中,教师应从学生的感官入手,让学生真正沉浸到学习环境中去,在做和观察中理解知识。

(二)行为主义理论

行为主义极度细心地记录个人的可观察到的行为,而不考虑其行为的动机,是 20

世纪初诞生的关于学习如何发生的一门心理学理论流派，最早的行为主义理论是俄国科学家巴甫洛夫创造的“条件反射”学说。行为主义理论的发展历经了三个阶段：经典行为主义、新行为主义、社会学习理论。行为主义理论认为，学习就是刺激与反应之间的联合（简称联结学说），常用 S—R 加以表示。行为主义理论的核心是刺激—反应学说，围绕受教育者的行为特征来探讨知识行为的构建过程，针对教学过程如何提高受教育者的学习能力、水平提出一系列的相关理论：如学习中的准备律、练习律、效果律、强化律，教学中的程序教学、教学机器等。

行为主义理论强调受教育者的具体行为表现，主张从受教育者的实际行为中衡量教学的效果，通过反复练习形成教学要求的操作技能，而且操作过程不受时间、空间限制，受教育者可以不断地重复练习，对操作技能进行强化。这对虚拟技术的开发具有重要的启示意义。

（三）建构主义理论

建构主义是自 20 世纪 90 年代以来，行为主义理论发展到认知主义以后的进一步发展，成为现代教育技术最新理论基础。建构主义理论的主要代表人物有：皮亚杰、科恩伯格、斯滕伯格、卡茨、维果斯基。建构主义理论的一个重要概念是图式，图式是指个体对世界的知觉理解和思考的方式。认知结构的起点和核心是人类认识事物的基础和实质，认知发展受三个过程的影响：即同化、顺化和平衡。建构主义理论主张的教学内容很丰富，但其核心是：以学生为中心，强调学生对知识的主动探索、主动发现和对所学知识意义的主动建构。

建构主义强调真实情境的构建，给学生一个尽可能真实的操作环境，认为学习的发生是在一定情境中产生的，情境是学习开始的基础。在进行多媒体虚拟教学开发的过程中，完全遵照实际教学环境进行构建，这样利于学生与实际操作环境中的体验进行直观的联系和意义建构。

建构主义学习理论强调以学生为中心，老师是学生意义建构的帮助者、促进者，课程所提供的知识是学生意义建构的对象，用来创造情境、进行合作学习和会话交流。以 VR 技术为基础开发的多媒体系统虚拟教学始终贯穿了 VR 技术的 3I 特性：沉浸（Immersion）、交互（Interaction）、想象（Imagination），可以帮助学生进入沉浸性和交互性实验学习的气氛，激发学生的学习兴趣，帮助学生形成学生动机。教师在虚拟教学设计过程中也应有意识地设计大量的交互行为，帮助学生形成所学内容新旧知识间的联系，开发智力水平。

二、高校 VR 教室在教学中的实际应用

VR 技术在高校教育教学中运用于日常性的教室教学以及多样的实验教学课程等方面。VR 技术有效地提升了学生的学习兴趣，优化了教学环境，提高了高校教学工作的开展效率。

VR 技术在高校基础教学中的运用主要集中在两个方面：教室教学和实验教学。

（一）VR 技术在教室教学中的运用

教室教学是高校教育教学的主要方式。当下多媒体教学已经普及，VR 技术能够将现实世界进行多维的信息化呈现，运用于教室教学中，可以丰富教学内容，吸引学生的注意力，激发学生的热情。比如在学习建筑结构相关知识的时候，VR 技术就可以发挥自身优势，构建多维立体模型，教师可以根据教学需求，将虚拟的模型通过计算机进行改变，让学生有身临其境之感，加深对知识的认知与理解。

VR 技术具有交互性与沉浸性特点，也有利于学生专注地置身于虚拟环境模拟出的训练场景中，通过与虚拟场景交互来实现技能训练。如在医学方面中，学生可以通过虚拟交互系统模拟出的手术场景，操作完成一台手术。其间，VR 技术可以虚拟出手术过程中的任何一种细节，学生通过这种实际教学，不但能够进行反复练习，而且真实模拟了现实情况，同时又不存在风险。

此外，VR 技术还利于教室教学的探索学习。VR 技术与传统实际教学工具不同，没有材料的消耗和维护，可以在课后向学生开放，让他们在实践过程中不断提出自己的假设，并对此进行模拟验证，从而培养学生的实际探索能力，促进学术进步。比如对于电子与电气相关学科，学生可以在不购买不消耗任何电子器件的基础上，在虚拟实验环境下搭建自己设计的电路，并进行可行性分析；对于环境相关学科，学生只需要在虚拟实验环境中搭建出温室效应的模型，便可以完成温室效应的影响原因分析。总之，基于 VR 的交互系统与高校实际教学相结合，能够提高学生对于学科的学术探索精神。

（二）VR 技术在实验教学中的运用

VR 技术在实验教学中的运用，可以发挥 VR 技术的交互性特点，随时为学生指明实验操作步骤，解决学生在实验中的困惑；教师通过 VR 技术实现对学生的针对性指导，可以提高实验教学的效率，提升自身的实验水平。

高校实验教学作为教学与生产、社会实际紧密结合的环节，是 VR 技术重要的应

用领域。因此，高校实验教学应对VR技术发展的策略应当是：根据自身发展实际情况，积极、主动适应新技术革命的变化，以开放适应、引领的态度和行动去面对VR技术对教学的影响。厚植基础，继续推动高校开展实验教学方面的虚拟仿真项目教学改革。全国高校已经建设了几百个国家级虚拟仿真实验教学中心，省级教育行政部门也开展了省级虚拟仿真实验教学中心建设工作，建设数量约为全国层面的两倍。按照平均每个虚拟仿真实验教学中心进行几十个虚拟仿真实验项目估算，仅获得省级和全国层面认可的虚拟仿真实验教学项目就有近几万项。高校应继续根据自身的教学实际需求，按照问题导向和目标导向的原则，创造性地开展虚拟仿真实验项目建设。

1. 优势共享

以搭建在线开放虚拟仿真实验项目平台为契机，助推优质资源共享，在线开放虚拟仿真实验平台建设。平台建设要注重顶层设计，坚持成熟一批、推出一批，确保推出的实验项目已经在学校、区域或行业内试点，并获得基本认可；坚持符合专业实际教学发展方向，对于不能很好反映教育教学规律、不能体现专业教学需求、不能适应时代发展的实验项目，不进行平台建设；坚持创新驱动，鼓励与行业、企业合作共建共享，推动教学形式创新、技术创新组织模式创新等各项创新；坚持互利共赢，确保集成平台与分布站点之间保持平等互利，确保实验效果。注重规范建设和对外展现与使用的统一化，为实验项目可持续发展奠定基础，实现多维度的快速检索，提供更为便捷的服务，需进一步要注意虚拟仿真技术的接口统一化，逐步实现虚拟仿真实验开发标准的统一。

2. 主动介入

美国高盛集团公开的报告显示，2020年VR教育市场规模将达到3亿美元，而2025年将达到7亿美元。根据以往的经验来看，信息技术对教育的投资带动作用是其他行业的10倍以上。VR产业在我国的发展，高等学校实验教学方面可以从供给和需求两侧综合发力，实现高校教育与VR产业发展的深度融合，体现高校人才培养、科学研究和社会服务的综合功能。从供给侧看，基于已有的虚拟仿真实验项目研究，高校可以作为现代信息技术人才培养的主要基地，为产业发展提供人才保障。同时，高校实验教学方面是虚拟仿真教学内容的重要供给方，通过将教学内容在更大范围地推广与运行，促进“VR＋”相关产业的发展。从需求侧看，高校实验教学是“VR＋教育”的具体使用方。

从长远发展来看，VR技术的兴起、发展，将会对未来高校教育的教育教学形态产生越来越重要的影响，对 VR 技术可能产生的技术革命保持高度关注，推动和引领整个高校教育教学与现代信息技术的深入融合。

三、VR 技术对高校教育教学模式改革创新

教学模式是指在一定教学思想或教学理论指导下创造起来的较为稳定的教学行动结构框架和行动程序。教学模式的框架结构一般包括教学思想或教学理论、教学目标、操作程序、老师与学生角色、教学策略和教学评价等元素。VR 技术在教学中的运用会对教学目标、老师与学生角色、教学策略、教学评价等原因产生一定程度的影响，增强学生的主观能动性和创新能力培养，对高校学生的学习兴趣具有提升作用，从而提升高校教育教学效果。

(一)重构教育教学理念

传统教学理念是教师教、学生学，一般的过程是教师先教授理论知识，学生再到实际环境中实践。AR/VR 技术具有沉浸性和交互性，使得学生的学习具备了情境认知特性。情境认知理论认为，大多数知识都是人的行动与情境互动的产物。如果能为受教育者供给接近于真实的学习环境或仿真情境，对提高受教育者学习热情与对所学知识的理解掌握大有益处。VR 教育技术让受教育者自己尝试直接体验知识，从学习知识到体验知识是一种学习方式的转变。在 VR 技术下的教学中，学生通过虚实结合，与场景互动，变被动学习为主动探索学习，改变了教学思想和形式。

(二)操作程序的改变

每一种教学模式都有着其对应的操作程序和逻辑步骤，即围绕教室老师与学生先做什么，后做什么。在传统教室中，操作程序更多地是针对教师来说的，是教师如何安排组织课程的讲授、测评等过程。VR 模式的教学中，互动教学环节会增强，有时候必须学生参与互动才能完成教学任务，教学测试等环节的运行形式也与传统教学有较大变化，整个教学程序发生了改变。

(三)教师与学生角色转变

传统教学的普遍形式是教师在讲台上讲，学生在下面听，总是以教师为中心，这种形式致使学生没有自主性，通常在课堂上做自己的事，听课效果不好。VR 模式下，教师可以针对不同的学生设计不同的内容，提出不同的要求，往往要求学生互动完成，这样的教学是以学生为主角，教师作为引导者。这种老师与学生角色的转变可以提高学生在教室积极性与参与度。

（四）教学策略的变化

教学策略是指在教学过程中，为完成特定的目标，依据教学的主客观条件，特别是学生的实际，对所选用的教学顺序、教学行动程序、教学组织形式、教学方法和教学媒体等的总体考虑。VR技术的参与下，教学行动不再是以教师的教为主，更多是围绕着学生的学展开，教学的组织形式和教学方法也会发生改变。

（五）教学评价方式的改变

在传统的教学中，一个教师面对多个学生，对于学生的评价难以把握。在VR教学环境下，教师可以通过教学设计让学生进行交互行动，由VR教学系统自己进行实现对学生的个体评价。如在叉车结构知识点学习中，可以设置一个叉车结构的测试题，让学生自己动手选择，系统自己进行判断正误，实现对学生知识掌握情况的测试。此测试可以同时对所有学生进行，解决了传统教室授课中，教师提问的时间限制问题。

教学评价是双向的，不仅教师可以考评学生，学生也可以及时反映教师的教学效果，这样可以让教师清楚地了解学生对知识的掌握情况，在后续的讲解中有所侧重，从而提升教学效果。

第五章　产教深度融合背景下高校应用型课程创新与实践

第一节　产教深度融合背景下高校应用型课程标准的建设

产教融合的提出，使应用型课程标准有了新的建设。本节主要围绕产教融合概述及其影响因素、应用型人才培养课程标准理论、国外应用型人才培养课程标准经验启示、应用型人才培养课程标准建设内容展开论述。

一、产教深度融合背景下高校应用型课程标准的主体与原则

应用型人才培养课程已经在逐渐开发，理论课程标准也在逐步实践，实践基础主要是明确其开发主体与开发原则，将各项课程标准中的要素囊括其中，主要为课程理念、课程性质以及课程背景和课程的设计思路等，明确课程标准建立的各项实施计划，如课程进度安排、课程组织管理体系建立以及资源建设等。此外，还包括课程的模块化学习以及课程领域和各项目标等，同时也要注重教材的选择以及课程实施，在教学过程中因材施教，完善教学系统，帮助学生完成学业。应用型人才培养课程标准理论的建立也要注重核心主体，其核心主要包括：第一，确定课程实施目标；第二，了解专业课程的基本性质；第三，选择建立专业的教学内容以及教学方针；第四，整体规划课程体系，实施更加合理化；第五，专业课程考核与评估。

针对人才培养课程，从两方面进行分析：第一，内涵方面，课程是课业以及完成课业的进程，学校根据学校教学情况以及专业特性系统组织整体的课程体系，从而发展学生的潜能，激发兴趣，发展能力，从而实现学校教育目标；第二，形式方面，课程可以分为两个方面，广义的课程简单而言包含所有的教学科目以及各项相关教育教学活动和拓展内容，狭义的课程则为一门学科或所学专业的相关学科。

将以上内容与所要研究的应用型人才培养相融合可以了解到课程属于教育教学内容的系统组织。当然这个系统组织中包含着很多要素，如相关课程教育目标、课程

体系、课程实施以及评价等。此外,还包括其中所包含的知识体系与能力培养等方面,致力于实现教育教学课程,完成人才培养目标。

可以将应用型人才培养课程分为基础课、专业基础课程和专业核心课程。专业课包含了专业基础课程与专业核心课程两类,对比基础课程而言,专业课程着重培养学生的专业理论知识与技术能力,是提升学生专业知识体系形成以及技能的重要课程,是学生适应未来职业的关键。

(一)应用型课程标准的主体

应用型人才培养更加注重培养学生的实践能力,因此,在建立应用型课程标准时需要多方参与,将应用型人才培养课程建立得更加完善,适应学生学习需求。可以请专业的教师或者相关实践专家,也可以与相关的企业合作,扩大学生实践活动范围,让整体课程标准更加完善,不仅仅局限于"学生一课堂一老师"这样封闭的教学环境中,只有突破这一点方可最大限度地发挥学生潜能,增加学生的实践能力,完成学校应用型人才培养目标。

第一,专业课程教师。课程标准的编制需要建立在实际教育教学的需求上,相关专业建设也要有确定的教育目标。因此,专业领域的研究与管理等方面需要有更加专业的教师来进行,他们更加了解课程的开发以及学生需求,在建立时更加贴近实际。相关专业的负责人以及专业教师等均可以参与进来,使得整体的标准更加完善,使学生在"学中做,做中学",提升课程体系的认知与编制效率,加快实施速度。

第二,相关课程专家。课程标准的编制也需要与社会发展脚步相吻合,未来可以适应发展趋势。因此,需要一批对此方面研究较深的专家参与,让专业课程标准建立的同时可以走在我国建设发展的前沿,让走出校门的学生可以学以致用。在课程开发以及标准建立时,可以邀请优秀的学科专家,在保证课程体系科学性的同时,也具有超前性。

第三,相关行业或企业代表。课程的建立便是为社会提供更多应用型人才,因此,课程标准编制的时候还需要考虑是否适用于相关行业或企业的岗位需求。高等教育在建立与改革课程时要"引企入教",将相关行业需求考虑其中,教学与企业实践相结合,促进学生提升实践能力,培养更多专业人才,可以根据企业实际情况完成学生的教学设计以及实习培训等。与此同时,各行业中的对应专业参与到实际教学课程标准编制中可以更具针对性,根据"用者知,知者做"的原则,使课程标准更具实用性,更好地满足企业岗位对专业人才的需求。

(二)应用型课程标准的原则

1.科学性原则

科学性是建立的课程标准要清晰明确,如相关的课程概念以及原理、课程定义、论证方式等。专业课程内容需要与教学本质与教育目标相贴合,同时要与客观实际相吻合,对应的课程内容中的相关定义以及论点论据等要规范且准确。通常情况下,课程标准的理论基础也必须全面,需要包括社会学、心理学、教育学以及相关专业课程理论等。专业课程标准的编制需要根据相应的理论体系框架来进行,保证所编制的标准可以适应社会发展,完善课程教学体系的基础,更好地适应企业以及社会的用工需求,具有很强的实践指导作用。

2.时效性原则

时效性是指相对应的课程建立与实施需要有相应的时间把控,充分考虑到课程的各项变化,并可以根据实际情况以及未来发展及时调整教学方向以及目标。经济发展越来越快,高新技术日新月异,高校需要建立一套适应我国发展的应用型人才课程标准。在教学时不仅要考虑到现有的实际情况,也要充分了解未来专业的发展趋势以及发展方向等,及时跟进发展趋势,调整教育教学内容以及课程实施等,确保专业课程培养出的人才可以适应未来的社会发展及需求。

3.操作性原则

可操作性是后期可以顺利地推行,并可以很好地实施。整体课程教学的操作性可以概括为教学目的、教学内容、教学过程、教学方法等的可操作性。整体教育教学的各个方面均可以更好地实施,课程标准建立方有意义,能够更好地实现预定的课程目标以及教学目标。

课程标准中的可操作性在实施过程中,遇到相关问题可以根据标准有明确的解决方式,是教师在教学实施过程中的组织标准,让教师可以有清晰的脉络去制定课程体系,把握相关知识进度等。例如,教师针对相关专业课程要如何备课、相对应的教育教学方式都有哪些、可以利用的资料以及资源、专业课程考核及后期评价等。

4.指导性原则

不同年龄、不同文化水平以及生活环境等均会影响一个人对于课程以及教材内容的理解,在建立相关标准时可能会产生一定的偏差,致使前期的标准在后期实施过程中不顺利。因此,为了避免以上情况,在建立课程标准时,各项语言组织描述、相关的构架编制与文本编辑等均要有规范性文件,保证后期标准清晰明了,便于实施后期课程。这样做的目的是保证标准的科学性以及后期专业课程实施的可操作性,也可以参考教师在后期教学过程中遇到的相关瓶颈，对教学实践具有重大意义。

二、产教深度融合背景下高校应用型课程标准的建设路径

在对产教深度融合下高校应用型课程标准设计过程中需要注意以下四方面：第一，选择课程内容的时候需要根据社会岗位的要求设定，课程目标要明确；第二，课程内容组织形式以及模块化需要与实际教学工作相贴合；第三，确定专业课程教学内容以及领域，同时细化各个教学过程，单独教学，并设定相应的教学情境；第四，针对所设定的教学情境，综合知识体系与能力提升，全方面提升学生素质，明确教育教学目标，明确实践操作内容以及各个实训要求等，每个单元或领域的教学均要符合要求等。

（一）确定课程内容

课程内容确定的重要环节包含以下两个方面：

1. 选取课程内容

课程内容包含学科中的原理、观点等，也包含问题的处理形式以及方式方法。在选取课程内容时需要遵循已定的课程目标，以实现课程目标为基础。应用型课程培养的内容不同于学术型课程培养，设计与组织形式均存在一定差异。应用型课程培养内容不局限于知识内容的学习，更侧重实际操作性，致力于增强学生的实践能力与创造力，提升学生的综合素质。之所以将学生能力提升作为重点主要是基于社会以及企业的岗位需求，整体课程内容根据岗位工作以及教学任务进行融合，遵循一定标准，具有可操作性，且符合我国教育发展趋势。

此外，课程内容的选择还需要符合学生学习需求，选取的课程内容既要符合本阶段学生的心理特点，也要符合学生未来发展方向，如注意力、兴趣、目标等，多方面调动学生的学习积极性，在学生可接受的范围内教学，让学生更好地吸收知识，保证课程实施，提升教育教学质量，快速提升课程教学效率。

2. 完善课程内容

应用型高校的课程标准有既定的目标，其专业课程在制定过程中需要符合学校教学体系，符合实践教学，立足于岗位需求，实践操作课程较多，更多强调课程内容要符合职位发展，有实际操作性。应用型课程需要将课本中的陈述性知识体系转变为实践性能力提升体系，让理论充分与实训相结合，整个学习过程中均有实践操作的参与。

应用型课程标准可以分为三个层次：第一，了解对应的职业以及岗位需求，学生

在对课程开始之前就需要对自己所学专业以及对应行业、岗位等有基本的认识，了解职位需求以及能力要求等，只有这样在学习时目标才可以更加明确，促进后期针对性学习，同时提前规划自己的职业生涯；第二，通过对学校整体课程的学习以及基本职业技能的掌握，将理论知识理论与实践相结合，学习与工作目标相结合，清楚地了解自己所学知识与技能的应用方式以及位置，促进学生学习积极性，增强学生对所学知识的掌握度；第三，整合课程体系使其更加符合应用型人才培养需求，增加对应的实践课程。

完成应用型课程标准需要做到以下三方面：第一，确定应用型人才教学内容，能力培养目标侧重专业人才培养；第二，各项教学内容以及各领域的规划教学均要设立对应的教学情境；第三，工作进程中各项实践内容以及情境化教学等均要循序渐进，选取好对应的课程内容后还需要将各个模块的内容按照对应的学习领域加以确定。其中，各个模块的教学内容均需要设立对应的学习情境辅助教学，细分整体知识体系，便于学生更好地理解，当然各项情境整理出来以后各项名称与形式等均需要确定，便于后期统筹教学，在教育教学进程中教师以及学生可以按照学习模块及框架来安排与学习。

（二）制定教学目标

教学目标是学生完成一阶段的学习后对多学科达到的预定目标，如知识体系学习、能力提升方面、素质培养等，它是整体教育目标下的各个细化目标，也属于最小单元的目标。教学目标的各项制定以及描述形式等均需要遵循对应的课程目标和知识点。知识体系的目标完成程度可以用了解、理解、运用程度来进行描述；能力方面的完成程度可以运用模仿、运用、熟练运用等来进行描述；其他的素质体系目标完全可以用认同、感受、培养等来进行描述。

将课程内容细分则是教学内容，学习过程中每个具体的情境设立以及操作实践均需要有对应的教学内容知识体系作为支撑。通常情况下，想要将各项观点以及理论、定义、意义等表述清楚，需要对要点以及各项案例等进行多次研究分析，根据实际问题以及实际工作来找到具体问题的解决对策，完善各项理论体系，使其更加清晰明了。在各阶段情境教学时，需要将学生素质培养穿插其中，如爱岗敬业、诚实守信、遵纪守法、勇于创新等。

（三）提出实训要求

实训项目属于具体的实践教学内容，其各项能力培养建立在各学习情境的基础之上，将各项理论体系与实践应用相结合，侧重培养学生的整体实践操作能力以及专业素养。因此，实训项目在整个教育教学中需要明确实践教学目标，单独进行。在具体情境教学学习进程中，实训项目的各项内容安排以及后期实施等需要做到明确项目名称、明确具体的实训内容以及设计形式、明确时间、确定实训地点、确定教师团队、了解对应的考核形式、明确技术培养目标以及能力评价形式。

想要更好地完成教学改革，提升教学质量以及学生学习效率，需要院校在进行情境教学时不断拓展各项教学方法与手段。通常情况下，传统的课堂讲授方式是应用型课程建立的基础，也是其教学方法改革的基石，需要分别讨论教学过程中每个教学情境，针对具体的案例以及教学任务要求等设立更加适用的应用型专业课程，这也是建立在传统课堂教学基础上进行研究的。针对后期课程内容的改革以及教学情境的实施，院校可以采用网络教学、多媒体教学等，同时结合实践操作与现场实训等方式。

（四）课程教学建议

课程教学要以学生为中心，选用的教学方法应调动学生的主观能动性，促进学生学习兴趣，增加积极性，从而提升学生学习效率，整体提高教育教学质量。在课程教学过程中，课程内容需要与情境对应，针对知识体系特性选择方式方法，关于课程教学方法方面的建议包括：第一，侧重知识体系以及学习内容的教学方法，在实际教育教学过程中有很多以知识传递为主的教学方法，如讲授、演讲、讨论、讲解等，这些均是通过信息传递来完成其目标；第二，引导探究式教学，如探究式、引导式、发现式以及启发式等；第三，侧重技术培养以及实践能力提升的教学方法，通过更为直观的实践展现给学生，让学生对知识了解得更加透彻，便于后期应用，如现场指导、制定项目以及案例讲解等；第四，侧重培养学生整体素质的教学方法，多为学生对于自己与自身所选专业、职业、所处环境、合作伙伴等方面的认同程度的教学，如角色扮演、项目合作、行为能力以及评价等。

课程教学过程中将学生作为重点是基础。因此，在选择教学手段时要以促进学生积极性为着手点，进而提升课程教学质量。教学手段的实施也要与对应的情境教学相对应，不可相互分离。对应的课程教学手段可以选用多媒体课件、网络平台、实训设施以及实际操作等。

第二节　产教深度融合背景下高校应用型课程的规划构建

在国家深化产教融合的导向下，很多高校要实现向应用型转型，迫切需要建设应用型课程。“基于行动体系构建的应用型课程，其核心体现为三个方面的适应：一要适应职业需求，满足地方社会经济文化发展对人才的需求；二要适应学科逻辑，符合教学过程中传授与学习科学知识本身具有的内在逻辑联系；三要适应发展需求，在终身教育的时代，职业教育要满足学习者在未来社会变革中可持续发展的需求。”

一、产教深度融合背景下高校应用型课程的规划思路

高等院校如何深化产教融合，推动关键核心技术突破，是新形势下维护国家安全、推动创新转型发展的新课题，要优先发展教育事业，完善高校行业学院和培训体系，深化产教融合、校企合作。将产教融合作为促进经济社会协调发展的重要举措，融入经济转型升级各环节，贯穿人才开发全过程，形成政府、学校、行业企业、社会协同推进的工作格局。在这样的背景下，高校要实现向应用型转型，落实深化产教融合的战略部署，促进教育链、人才链和产业链、创新链的有机衔接，提高应用型和技术技能型人才培养质量，迫切需要加强应用型课程建设，深化课程改革，以课程转型推动专业转型，以专业转型推动学校整体转型发展。

(一)产教深度融合下内生力的核心

近年来，产教融合已作为热词而被大众熟知，是政府、高校、产业界等各方致力于推进的工作重心之一，深化产教融合，是推动教育优先发展、人才引领发展、产业创新发展的战略性举措。当前，在政府、高校、企业等各方合力推动下，产教融合已初见成效，并不断被赋予新的内涵和使命。

产教深度融合下的内生力是高校转型落地生根的关键，它的核心是应用型课程。产业和教育有着密切的联系，教育要培养高质量应用型和技术技能型人才，离不开产业的参与和产业生产效率的提高，需要教育提供高质量人才，因此，产教融合是必然的选择。产教融合不同于一般的产业融合，它是高校为提高其人才培养质量而与行业企业开展的深度合作，其具体内容包括专业与产业对接、学校与企业对接、课程内容与职业标准对接、教学过程与生产过程对接。

应用型课程是以培养学生适用性和迁移性应用能力为目的，以学科知识为基础，以强化学生实践能力、操作技能和职业素养为重点的教学内容、教学方法及其进程的总和，其应用性既不是专业课学时的简单叠加，也不是实践课学时比例的简单调整，而是需要教材、教学、教师等课程体系各部分的同步推进和系统整合。不能简单地认为应用型课程就是产教融合，但产教融合一定要通过应用型课程来实现。应用型课程目标的确立应以实践为导向，不仅要适应学生个人的发展需要，也要适应社会的发展需要。课程内容应以技术知识为主，培养学生的实践能力，按照工作过程要求重构课程内容的组织方式和排序标准，实现知识和岗位应用的高度融合。课程内容不仅要符合学生未来的职业发展需要，还要符合社会经济的发展需要。课程实施应以实践为主，通过实践活动解决具体的问题，实现学生知识的建构和能力的培养。课程评价既要有以学校管理者、学生、教师为主的内部评价，也要有行业企业产业、校友等参与的外部评价。

（二）产教深度融合下的全方位的课程改革

结合当前产教深度融合的国家政策和导向，人们应重新审视应用型高校课程建设的基本理念。

第一，从系统论的角度审视课程，课程是由共时态与历时态两个维度构成的一个特殊的系统。共时态的课程是一种空间立体结构的课程系统，包括课程研制者、学习者、内容和环境四大要素；历时态的课程是一个时间动态系统，由个体和社会的埋论、教育宗旨和目标、教育内容、结构与组织、活动样式和评价等要素构成。因此，应用型课程建设不仅仅局限于内容范畴，也不只是教材的更新，而应是课程系统的重建。

第二，构建开放的大课程观。构建教师与学生、职能部门与教学单位、显性课程与隐性课程等互动与开放的学校内部课程系统，打通学校与社会和行业企业的联通渠道，产教深度融合，开发与利用社会课程资源，丰富课程内容，密切课程与生活、课程与社会、课程与职业、课程与岗位的联系。大课程观下的课程建设是对教育进程的全面、系统的改革。

第三，坚持以学习为本的课程观。开设个性化课程，量身定制个性化课表，为学生的个性发展提供空间，关注学生的认知、态度和情感，设计整体性的学习活动，开发与创新网络化学习环境，充分利用和拓展移动设备的功能，开发移动学习课程，支持学生个性化学习需要。

二、产教深度融合背景下高校应用型课程的规划路径

高等教育为经济社会发展培养了大批高素质技术技能人才，备受社会关注，研究高等教育教学具有重要的理论意义与实践价值。产教融合是教育发展的基本规律与有效路径。

教育发展的关键在于课程建设，而应用型课程主要致力于面向生产、建设、管理和服务一线的高素质技术技能人才培养，是实现高等教育办学宗旨的重要目标。产教深度融合背景下的高校应用型课程的建设路径包含以下方面。

（一）加速产教深度融合

高校应用型课程产生的主要动力是产业发展的实际需求。加速产教深度融合可以有效促进整体教育链、人才链、产业链与创新链的衔接，加快专业性人才培养模式的变革，真正使高校应用型课程建设落到实处，激发起深原动力。落实的重点主要表现在教学标准的调整，及时将新的技术工艺纳入教学内容中，促进知行合一，促使有效利用企业和院校资源，双方各展所长。学校的教学资源与企业的资本设施相互结合，优势互补，有效促进了集“实践教学、社会培训、企业真实生产和社会技术”为一体，形成了具备相当高水平的教育实训基地，确保高校应用型课程教学有效进行。

（二）促进教师团队合作

教师作为课程建设的主体，应用型课程也在其列，建立一支符合标准的教学团队十分必要。但这支教学团队的建立，对于教师的要求也更加严苛，作为应用型课程，需要教师具备相当丰富的企业实践经验与专业的学科知识。与此同时，由于高校应用型课程的典型特征需要真正运用到实践中，要求教师也应该具备工匠精神与爱岗敬业精神，与实际需求相当的教学科研能力。身为教师良好的责任感与合作意识，以及对自身职业的坚守，亦不可或缺。此外，教师团队整体年龄、知识与职称的构建也要合理。

在推进课程整体建设时，双师型教师团队至关重要。教师作为课程的设计者与实施者，对达成课程目标有着直接的影响。而应用型课程的建设，需要既精通高等教学规律又熟悉企业生产实际的双师型教学团体。双师型队伍的建设需要内外的有机结合。对外采取“外引”，加强人才引进，但同时要符合原则，高校招聘专业教师要求具有三年以上企业工作经历，并具有高校以上学历的人员中公开招聘，除了一些特殊高技能人才可以适当放宽学历要求，其他都要遵循严格标准；对内则要“内培”，与企

业结合，将一些专业教师送进企业实践，加快学校自身双师型教师的培养。

（三）丰富选择教学方法

高校应用型课程建设本身就是为了适应社会经济发展，满足企业需求，培养出高素质技术人才。在高校应用型课程教育教学中，学生作为主体，教师作为教学活动的组织者，教师应根据教学目标制定教学内容，选取教学模式，如导师工作过程导向式、任务驱动式、项目引领式、理实一体化等教学模式，与慕课、翻转课堂等现代化的教学手段有机结合，加强与学生的互动，加强实践，使学生能够独立地获取到专业知识，真正具备自主学习能力，从而掌握职业技能，建构起认知体系。

（四）灵活选择教学场所

高校应用型课程的产生，更多的是为了培养出符合企业需求的人才，成为跨越职场与院校的跨界教育，因此，教学场所也可以适当变更。“工作课程任务化，教学任务工作化”成为应用型课程的独特设计。教师可以按照实际教学需求，理论的传授集中在普通教室，实践的进行集中在实验室、实训中心，包括理实一体化教室在内的教学场所；而将企业文化与职业素养作为教学内容时，教学场所则可以设置在车间、厂房、工地等，加强学生体验。进入顶岗实习阶段，学生投身于企业中生活学习。作为国家鼓励的“引校进厂，引厂进校，前店后校”等校企一体化的合作形式，产教融合、协同育人的高校行业学院教育机制，为高校应用型课程的发展提供了多元化的场所。

（五）采取多元教学评价

教学评价是对教师整体教学活动以及学生学习效果的价值判断。课程评价作为教学的重要环节，是对整体课程包括教师教学质量与学生学习效果的判断评估，是推进课程建设的有效监督环节。高校应用型课程使教学评价更加多元化，主要体现在以下四个方面：

首先，评价主体多元化，主体除了教师与学生外，还要涵盖到学校管理人员与合作企业，还有第三方的评价机构等；其次，评价要素多元化，除了教师教学成果与学生学习技能收获外，还涉及职业道德、职业素养以及其他能力等；再次，评价节点多元化，不再局限于期中期末两个节点的测评，还包括了教师教学过程的评价等；最后，评价方式多元化，方式更加多样，除去书面与口头形式外，还涵盖了活动形式，课堂观察与课后访谈等。通过多主体，构建多要素、多节点、多方式的评价体系，使高校应用型课程教学评价更加客观公正。

学校将应用课程的教学评价纳入院校整个评价体系中，通过将学生整体能力和就业质量与产教融合，校企合作水平作为核心，使整个教学评价机制更加完善，促使学校、企业研究机构与其他社会组织等共同参与到评价中。对高校应用型课程的课程标准、教学教材和实验设备，课程实施过程以及课程实施结果等，进行更加客观公正的评价。

高校应用型课程已经逐渐成为高等教育改革的核心内容，成为产教深度融合实施的落脚点，应用型课程的发展对高等教育发展起着重要作用，对于高校教学水平的提升与专业型人才培养起着至关重要的作用。

三、产教深度融合背景下高校应用型课程的规划实践

高校行业学院是我国产教深度融合过程中各组织形式调整的实施载体，其产生也是基于产教深度融合的需求，这一载体完成了我国普通院校向技术型院校的转变。高校行业学院侧重行业需求，对于行业的产业链以及产品、技术、服务等方面具有显著作用，可以更好地为行业发展服务。行业服务想要真正发挥作用需要符合行业的需求，高校行业学院便是其中的载体。高校行业学院在教育教学时可以根据整个行业的职业岗位需求、技术要求以及管理机制等，与学校的课程相结合，增强学生实践能力的同时加快应用型课程体系的实施。

(一)高校应用型课程建设的环节

1. 改革应用型课程内容

高校应用型课程建设的核心是改革课程内容，应用型课程建设是对于原有学科型课程的整体改革。课程内容的改革主要涉及以下三方面：第一，课程内容和对应的职业标准之间的对接；第二，整体课程内容的设计和体系整合；第三，教材的选择以及其他对应的教学资料、教学设备的建设。将课程内容的改革作为整体应用型课程建设的重点，主要是因为学院对于企业内部运行的知识提炼和各项实施需要通过内容来进行，如企业的生产链、产品和技术、服务体系等。

了解结构及企业需求是高校应用型课堂中课程内容的主要来源，后期通过提炼各项知识体系，不断完善应用型课程内容教学，整体内容根据实际需求进行重组形成所学课程内容。结构了解、知识体系的提炼以及内容的重新组合等，这个过程是保证应用型课程后期可以实施的基础，在整个过程中课程内容需要与职业岗位标准和需求相对应，同时与各职业的技术要求以及工作内容相吻合，将整体的课程模块以及教材资源等不断完善，提升课程教学效率。

2. 打造双师型师资团队

高校应用型课程建设的关键是双师型师资团队的打造。对于应用型建设而言,想要更加完善,后期更好地实施,离不开优秀的师资队伍,因此,应用型课程建设第一步便是打造专业的师资队伍。优秀的教学团队对应用型课程十分重要,首先,应用型课程在教育教学时,如果双师型教师占比较高,则可以在学生知识体系以及行业背景和专业技能等方面提升学生的认知以及实践能力,让学生在走出校园进入社会后可以很好地运用应用型课堂所学知识;其次,优秀的教学团队其内部的责任划分更加清晰明了,有利于教师之间相互合作,是后期应用型课程建设的坚实的后盾;最后,运用教师团队来教育教学,教师之间可以资源共享,沟通起来更加方便,可以及时了解课程体系情况,各项工作之间可以相互碰撞,了解行业需求,便于确立教学方向,同时不断完善实用性课程体系,提高教学效率。

3. 改善实践教学条件

高校应用型课程建设的基石是实践教学条件的改善。实践教学可以让学生在学习过程中更好地理解书本上的理论知识,同时可以提升学生的实际操作能力,便于培养应用型人才。高校应用型课程的建设不同于原有的课程体系,它更多的是着重于提升专业的培养以及实践操作能力,因此高校需要提升自身的实践教学条件,其中实践教学条件包括校内、校外两个方面。

在高校应用型课程建设时,需要有对应的专业建设规划以及各项实践教学所需的设施和资源等,这样能够满足实用性课堂的整体教学需求,不断地培养学生实践思维,通过实际操作增加学习兴趣,增加动手操作能力以及创新能力。通过校企之间的合作可以充分发挥实践教学作用,增强实用型人才培养。因此,学校应寻找对应可长期合作的企业,利用其资源建立对应的实训基地,建立实际工作场景,让学生可以提前了解职业需求以及岗位工作,这是实用性课程建设的重点。

(二)高校应用型课程建设的策略

1. 完善应用型课程体系设置

对于我国专业人才培养方案而言,高校应用型课程的建立有非常重要的作用,整体的课程建设是否完备以及后期实施情况如何,也均受人才培养方案的影响。因此,在制定人才培养方案时,需要学校和企业共同参与,通过知识体系以及实际需求建立相应的课程体系。在此基础上,想要将应用型课程建立得更好,需要从以下两个方面进行:

(1)中观层面。人才的培养需要以行业职业标准为基础,企业需要怎样的人才、需要怎样的素质以及技术能力，就需要建立怎样的教学体系，高效率地实现学校专业教学课程与职业标准的对接。效率是整体教学内容在对应的课时完成教学任务的比率，是在对应的教学课堂完成教学内容的比率，这个比率建立在整体内容按计划实施的基础上，通过以上内容可以看到教学目标的完成情况，以及整体内容提升学生应用技能的情况。想要提升有效性，需要应用型课程在建设时与职业标准相融合。建立初始，需要针对知识体系来解读职业标准，将职业标准中的相关内容与教育教学课程相结合，在应用型课程中为学生建立相应的实际操作情境，让课程知识体系与实践操作相结合，使教育教学更具针对性与时效性，加快应用型课程体系建设。

(2)微观层面。充分利用行业学院平台，提炼专业培养的重点以及核心等，形成一定的体系，了解企业的生产、产品、技术以及服务等，将教育教学理论与所提炼组合的核心技能相结合，形成更加完善的高校应用型课程知识技能体系。后期可以在职业标准的指导下，根据企业的实际情况以及用工需求等对课程进行整合，将学生岗位实践列为重点，增强专业课程与企业、行业以及岗位之间的联系。

想要展现更好的课程教学效果，则需要选择合适的教材来教学，这对于教学质量非常重要。高校应用型课程教材的选择也需要专业教师与企业专家相合作，参考对应的职业标准，结合学校课程要求将学生专业能力培养列为教育教学目标。针对此情况将学校的教材知识体系与职业需求与技能要求相融合，提升应用型人才培养质量。教材选择除了对应的专业知识与职业需求外，也需要建立对应的素质培养体系，系统地培养学生团队合作以及遵纪守法、爱岗敬业等方面。

2.构建校企融合型教学团队

建立应用型课程是行业学院必须做的任务，对比学科型课程，应用型课程对于教师的知识体系、专业技能等方面的要求更加多元化，教师除了需要深刻了解相关知识体系外，对应的行业阅历以及前瞻性、实践技能等各个方面均需要有研究。在进行应用型课程教学的时候，需要学校与相关企业合作，利用双师型教学团队完成整体教学任务，完成实用性人才教育目标。因此，对于应用型课程建设而言，打造一支优秀的双师型教学团队至关重要，具体包含以下三个方面：

第一，教师团队建设时需要有对应的分工以及科学性的任务，通过校企合作了解整体的企业及行业需求，完善课程知识构架，确定团队成员，更好地完成应用型课程教学目标；第二，在选择团队成员时，无论是院校教师还是企业教师等，均需要选择相关知识丰富且行业经验丰富的教师，优秀教师与专家等占比要高，才能够在实际教学实施过程中培养更多专业人才；第三，整体团队工作期间要增强专兼职教师的积极性，通过各教师之间的相互沟通交流与资源共享，实现优势互补，大幅提高双师型教学效率，全方面提升学生的实践技能。

3. 提升实践教学研究的条件

高校行业学院的主要功能是高效地完成产学研究，达成合作。企业可以利用高校的相关技能研究优化企业技术，为学生提供更多实践操作以及研究基地。行业学院在实践教学时可以将产学研基地作为基础，不断扩大教学实践内容，完善整体专业教学体系。行业学院在完善整体实践教学以及应用型人才培养时，需要不断创新、研究，满足企业技术需求。充分发挥产学研基地的作用，校企之间进行合作可以有效整合学校以及企业的各项资源，通过合理运用对应资源，可以快速增进两者之间的发展，在校企实训基地协调运转，通过相互合作达到互利共赢。高校行业学院需要在产学研基地整合整体构架了解整体行业特征，开展对应的研究工作，提升校企合作。与此同时，使高校应用型课程与实践技能更具针对性。在产学研过程中加入实践教学，可以更加快捷地完成项目任务，提升学生实践操作技能，提升应用型人才培养质量，提升教育教学质量，为企业以及社会输入更多技能型人才。

第三节　产教深度融合背景下高校应用型课程体系的创新

一、高校应用型课程体系创新的理念与原则

（一）高校应用型课程体系的创新理念

理念在高校应用型课程体系的创新中起着支撑作用，这里的理念可以从两个角度来理解：第一，想法和看法，是思维活动的最终成果；第二，观念和理论，常常指思想。理念在理论中是核心、基础的存在，也是精华，是应用型课程体系创新的本质。课程理念指导着如何进行课程体系创新，是课程体系创新的前提和基础。高校应用型课程和传统院校课程截然不同，中心目标是为社会经济发展培养所需要的高级专门人才，以应用科技的研发为主，最主要的特点是着重提升学生的实践能力和应用水平。

此外，国家开始实行普通高等院校向着应用型院校转型，许多高校也自此开始转型，紧随国家试点工作脚步，因地制宜，将自身定位为应用型院校，以“人民满意”和

“特色优势明显”为特征，旨在发展成为适应社会经济发展的应用型高校。从课程体系上，将“知行并重，致用为本”作为发展的口号，以“需求导向，服务地方”为原则，在应用型高校中创新构建课程体系。高校应将课程体系不断除旧布新，以表现应用型课程体系的人才培养理念为指导。通过收集学校各种会议记录、在学生中进行问卷调查、研读学校相关政策、与教务处教师以及相关课程教师谈话等，以实际调研成果为前提，摸索在创新建设应用型课程体系的过程中所蕴藏的理念。

1. 学以致用

第一，应确定学以致用的应用型课程的创新理念。强调培养学生实践能力，应用型课程体系建设的重点在于“应用”，实践课程是课程设置的关键。实践课程的培养目标就是让学生具有实践应用能力，将理论知识应用到实践中，通过多次实践操作有效积累经验，提升自身能力。应用型课程体系设置过程中，实践课程占比较大，能够充分发挥学生的主观能动性。

第二，应用型课程体系创新还将注意力放在校企合作上，通过学生进入企业实习的方式，有效利用企业资源，增加学生实践操作的机会，实现知识和能力的同步提升，达到“知行合一”的效果。“学”从“做”开始，“学”是“做”的获得，“学”“做”相辅相成、互为因果。因此，进行应用型课程体系的创新构建时，有些是先做后学，利用情境教学；有些是先学后做，学习知识应用课程；也有些是边学边做的见习体验等。学生在学习过程中一定要“躬行”，做到学做合一、知行合一、致用为本。与此同时，强化教育与社会、生活的联系，关注学生兴趣、自身需求、社会需要以及积累经验的需要，通过采用学以致用的教育方式，加强社会教学的独特意义。

在进行应用课程体系创新过程中，不仅要强调课程内容取材于生活经验，还要注重知识发展和继承的重要性。学校强调实践教学，强化应用性，倡导通过校企合作的方式让学生有机会到企业实习，在实际操作中掌握知识。应用型课程体系创新全程要贯彻学以致用的指导理念，既能加强学生对知识的掌握程度，还能通过实习参与企业工作中为社会经济发展贡献力量，推动区域经济进步。

2. 以能力为导向

应用型课程体系创新的重要理念是以能力为导向。在能力本位论观点中，目标就是培养学生的职业能力，是学生必须拥有的技能，才能依此从事某个社会职位，根据学生以后工作岗位所需的能力来决定如何培养学生，包括学生需要掌握的理论知识和对应的实践能力。在进入工作后，这一能力也能继续提升。因此，在进行应用型课程体系创新过程中，既要强调实践课程在课程体系中的占比，也要从课程内容结构上关注其实践性。从内容结构上而言，应强调职业能力的训练、内化和发展。

第一，应用型课程体系的创新应经过实际调研和考察后再建立，既考虑到职业岗位的需要，也考虑到学生的日后发展。应用型课程体系的创新，是经济社会中工作岗位需求的现实体现，也能照顾到学生的日后发展，兼顾个人利益与社会利益。在教学中将工作流程与课程知识有机统一，能够满足学生工作的技能需求，尊重理论逻辑，让学生的实用技能与理论知识有效结合。

第二，应用型课程体系创新中的能力导向应考虑学生怎样将知识完美转化为能力。培养学生能力一定是个长期的过程，学生要经过一系列外部训练努力积累经验的过程。当经验积累到一定程度，就由量变到质变，学生的能力就会有所提升。培养学生的实践能力是非常重要的，因此需要设计较多的实践课程，花费较多的资金采购实验设备，给学生提供动手实操的机会。应用型课程的创新应包括大学四年的课程设置，设置这些课程的目的在于把理论知识应用到实际工作，以能力为导向，大幅度提升学生应用能力。

第三，应用型课程体系创新应多开设通识课程，例如大学英语、计算机应用、思想政治、职业生涯规划和就业指导等课程，这些课程是可持续发展理念的具体体现。通过这些课程所培养的通识能力，能够帮助学生适应工作中的各种岗位，有助于学生在专业上实现长远发展。这些课程的设置不仅能培养社会能力，也能培养专业能力，以能力为导向的课程体系，符合当下经济社会发展的潮流。

3. 实行任务驱动

高校应用型课程体系创新理念是面向服务、管理以及生产一线，培养兼具实践能力和创新精神的综合应用型人才，学校应依据工作岗位的现实需求安排主要课程。应用型课程体系创新中的课程目标是以工作岗位对人才需求的应用能力和具体知识为依据。课程设置将以后的工作岗位任务，分解为一个个小的教学任务，依次完成每个小的教学任务后，学生就具备了从事工作岗位的应用技能。

在专业课程的设置过程中，在理论上让学生掌握所需技能牵扯的理论知识；在实践课上通过教师的指导下实操，将理论和实践有机结合。学校通过组织学生进入企业实习，让学生在实际的工作岗位上不断地提升自己的技能。这种课程结构能够巧妙地分解工作中的各项技能，落实在各种课程中，让学生通过各种应用型课程逐步具备完善的专业基础和专业技能。按照任务的课程理念合理安排、统筹协调的这些应用型课程，一方面能提高学生的学习兴致，深化对每个任务的熟练程度；另一方面能提升学生解决问题的能力和应用实践能力，为学生以后适应工作打下坚实的基础和前提。强化实践应用的课程涵盖许多的要素，其中课程的重点要素就是知识，知识观对课程观念起着直接作用。

在课程体系创新中强化培养、提升应用能力，是高校行业学院的一大特色，教育学生如何将理论知识应用到实践中，进而提升应用水平。设计有实验课程、见习课程以及校企合作的实习课程等，这些课程不仅起着加工和传授知识的作用，还是对于知识掌握程度的检测和提升实际应用能力的重要途径。

通过这些课程，学生能获得知识、理解知识、掌握知识和应用知识，实现从理论到解决问题能力的转换，既有助于学生建立完备的知识体系，还有助于提升学生应用水平。应用型课程内容的创新有助于学生通过实操将理论知识融会贯通，产生新的体会。

（二）高校应用型课程体系的创新原则

1. 以学生为本

教育的根本属性就是培养学生，实用理论主义与建构主义理论均倡导“课程以学生为中心，课程以学生为本”。高校应用型课程体系创新的主要目标就是专注于培养学生应用能力和实践能力，让学生在工作后能熟练地将学校中的理论知识应用到工作中，尽早、尽快、尽好地满足工作需要，融入社会。学生是课程实施的主体对象，也是课程评价的重要依据。只有学生参与课程的程度与水平才是课程体系质量的衡量标准。因此，在应用型课程体系的创新过程中应坚持以学生为本，强调培养学生的实际应用能力。课程既从学生现实情况出发，也从社会需要出发考虑，将重点放在对学生实际应用能力的培养上，关注学生的长远发展。

在应用型课程体系创新的每个环节，应包括课程目标、课程设置和课程评价等，强调学生自身需要和发展变化。教学采取情境式教学，通过引导让学生进行探究式学习、小组式学习。课程目标的设置应从易到难，培养学生的多种核心能力，顺应学生发展变化规律和对实际能力的需要。强化理论、实践和技术间的关系在实践教学中很重要，考虑学生整体对知识的掌握情况，照顾到每个学生对知识和技能的熟练程度，坚持以学生为本的原则。此外，强化提升综合能力，强调学生的全面发展，学生可以按照自身兴趣所在和个性发展需求自行抉择，提高学生的学习动力。课程的设置说明教育依靠学生、面向学生和为了学生，应用型课程体系的创新过程中应坚持学生为本的原则。

2. 以需求为导向

应用型课程体系的创新应坚持以需求为导向的原则，做到服务地方。高校应用型课程体系的培养目标是能直接满足工作需要和融入社会的高级应用人才，应符合社会发展需要，顺应技术推陈出新的时代潮流，随之更新自身掌握的技术与信息。高校应用型课程体系的创新离不开社会发展，课程体系的选择和内容设置都坚持以需求为导向原则，基于社会中的多种影响因素，顺应经济、政治、文化和科技等影响因素的发展变化趋势，更新技术和信息，才能保障课程体系的活力和生命。高校应用型课程体系的发展旨在为区域经济的发展贡献力量，不仅要满足自身需要，还要将区域经济发展纳入考虑。学校在课程体系创新过程中，坚持开放创新原则，顺应时势，掌握人才需求变化，适时更新技术手段和课程知识。

应用型课程体系的创新过程中，开放不仅体现在技术与知识上，还体现在各类课程的设置上。通过必修课、选修课、实践课和通识课等的相互配合、互相交融，各类课程要互相参照，相辅相成，才能优化总体。应用型课程体系创新中最主要的就是实践课所占比例较高，这些课程更能体现以需求为导向原则。多数的实践课都通过校企合作的方式实现，让学生到企业实习见习，从工作岗位中积累经验，接触最新的专业理论和技能。这既能为企业提供很多的劳动力，还有助于学生提升应用水平、加强自身能力。从学生实习见习中获得的反馈，能帮助学校及时更新课程内容、完善课程体系，实现多方获益、多方发展的效果。

3. 整体优化

在设置应用型课程体系创新的过程中，主要关注对课程目标的定位、课程资源的使用和课程内容的选择，同时以整体优化为原则，合理安排，各自发挥所长，放大整体功能，实现总体统筹的最优化，实现结构、规模、效益和质量的有机统一。高校应用型课程体系创新的人才培养规模与目标，可以从课程体系目标中体现出来，课程体系以如何培养应用型人才为中心进行设置，是课程目标、课程内容和课程评价的具体体现。

应用型课程体系目标是以人才培养目标作为参照的。为了达到整体优化的实际成效，在分解和细化课程体系目标的过程中，每门课程的目标和课程内容都以高校人才培养目标为前提。课程目标是通过课程的学习所要实现的目的，课程内容是课程教学中的全部知识，课程内容的服务对象是课程目标，也是实现高校人才培养目标的重要途径，课程内容的选择关系到课程体系设置的合理性。因此，应用型院校在选择课程内容时要紧贴高校人才培养目标，坚持整体优化原则，才能实现二者目标的统一协调。应用型课程体系的创新在选择课程内容的过程中，一方面强调其基础性；另一方面也要具备相对稳定性，才能为学生以后的工作奠定基础。

为社会培养专业的高级应用型人才是应用型课程体系创新的培养目标，强调培养学生的实际应用能力。与此同时，要优化课程结构，这是课程内容的逻辑保障，在整体课程体系中具有意义。课程结构要强调多个因素之间的相互影响和自身的内在联系，使分解细化的课程都遵循整体优化。因此，在应用型课程体系创新过程中，从结构、规模、效益和质量多方面实现有机统一来进行整体优化。课程设置不仅强调知识的综合性与先进性，还关注知识的成功组合和更新换代，这样的课程体系才能提升学生在应用和创新方面的能力与水平，为社会提供更多更优质的应用型人才。

二、高校应用型课程体系创新的具体内容

（一）高校应用型课程体系的结构创新

产教深度融合背景下应用型课程体系的结构创新，能够带来根本性的创新和改变，作为学校的根本，课程结构的合理安排和开设对学校发展也有着十分重要的作用。在当今教育中，对于不同类型的教育院校，课程结构的设置也大不相同，调整课程结构需要将大量的理论课转变为理论课和实践课的结合，重新调整课程分布。

第一，应用型课程体系的结构创新将公共基础课和专业基础课划分到了理论课的范畴，对学生的技能培训，旨在培养学生将技术应用能力运用到社会实践和企业实习当中，理论科目的实习指导也是属于理论科目的实践科目。大部分的实验都是验证性实验，应用和创新的实验都是在实践的过程中形成的。

第二，应用型课程体系的创新关注的是课程开发和实践的比率，在课程设置中，重新安排课程时长分布，加大实践课的时间投入，调整理论教育时间，进行实习教学，有助于充分培养学生们实际动手能力和应用能力，反映应用型课程创新的应用功能。在改变理论与实践课程的分配的同时，要注意理论与实践课程的融合，两者要相互促进、相互依存。由于理论教学的内容与实践教学的要求是不分离的，因此，实践教学的内容在理论教学的具体应用是对理论课程的创新。

第三，在注重学生专业培养的基础上，不能忽视学生综合能力的培养，各个专业都开设通识课程，通识课程在总体课程实施中也都应占有一定的比重，兼顾学生全面发展，注重学生应用能力培养，同时兼顾通识知识的传授。

此外，开设一定数量的选修课，增强课程的灵活性以及丰富课程的内容，充分体现培养人才的灵活多样性。

（二）高校应用型课程体系的内容创新

应用型课程体系内容创新，不仅基于特定的基础，还需要遵循学生身体和精神发

展的规律，关注学生实用技术和创新技术的培养。核心课程是实践过程，实践过程是基于技术理论的具体化，将理论课程中所了解学习到的知识实地运用到实践当中。课程内容多种多样，是学生能够理解和接触社会的主要途径。通过广泛的研究和深入实地的考察，在原有课程的基础上，对课程内容进行改革和创新，结合本地经济和社会发展的需求，开设与之相关的特色专业实践课程。重视培养学生的创新创业能力，加强学生的应用能力和就业能力，特别开设创新创业课程，在兼顾学生专业课理论课的学习的同时，也辅助培养学生实践能力。创新创业的课程是对于专业课的补充学习，也是将专业课的理论知识与实践相结合的过程。

应用型课程体系的内容创新的重点在于社会需求，课程的设置是根据社会的需求来决定的。高校行业学院的培养目标是就业，课程设置的重点就是培养学生的创新创业能力。在所开设的专业中，分别设立与专业知识相关的、同学生能力发展相适应的专业特色课程。课程内容的设置不仅仅要考虑到专业的特色，还要考虑到学生的自身发展，学生是学习的主体，学生对于课程内容的接受程度与学生今后在社会工作中的发展情况息息相关。在课程内容的选择过程中，要与学生自身的发展水平相结合，教育需要从大局出发，全面设置。课程内容的设置不应过难，过难的课程可能会使学生遭受信心的打击；也不应过于简单，过于简单的课程设置失去了教育意义，对学生的能力提高作用甚微。

除此之外，课程内容的设置应该充分考虑到学生在步入工作岗位后的能力发展情况。学校对于学生的培养应是可持续的，对于知识面的涉猎要尽可能更广，应培养学生的独立学习能力，在学生脱离学校的教学系统后，也能够独立学习。

三、产教深度融合背景下高校应用型课程体系的创新管理

（一）落实国家政策方针

高校应用型课程体系的创新是落实国家政策方针，形成对课程体系改革创新的共识。国家政策对应用型课程体系的创新起到了关键作用，应用型学校课程体系的创新发展离不开社会的发展，而国家政策引领社会发展潮流，国家政策的支持促进了应用型课程体系的创新，应用型课程体系的发展离不开国家政策的引导。学习和落实国家政策方针形成对应用型课程体系创新的共识，有利于促进应用型课程体系的创新。

随着社会市场经济的发展，应用型人才的需求量越来越大，国家也越来越重视应用型人才培养。应用型课程体系的创新方向始终离不开社会需求，学校和企业沟通

与讨论形成应用型课程体系的创新。学校内部的组织与管理制度也应进行改革，从各个方面培养学生的实际动手与创新应用能力，目的是加强学生的综合创新能力。应用型课程体系的创新需要以理念和原则为基础，高校行业学院的近期发展为课程体系的创新发展，此过程应该拥有独特的创新理念和原则，应对长远发展也要有一定规划。

国家相当重视产教深度融合背景下的应用型课程体系创新，在院校发展的很多方面进行扶持，尤其是在应用型课程体系的创新方面。因此，应用型课程体系的发展前景很好，学校的相关部门也经常召开讲座、会议用来学习国家的政策方针，目的是更好地完善课程体系，推动学校的工作发展。

（二）创新学校内部制度

应用型课程体系创新的主要措施是，加强课程体系的组织和引领，根据“三个理念”和“三个原则”，联系学校自身体系与学校所在地的社会需求和经济发展，以学校内部情况为基础，根据国家政策方针制定出具体的规章制度，再由学校其他部门实际操作。学校在创新内部制度时，应出台一系列文件用来指导转型工作的顺利进行。教学与课程体系缺一不可，应注重学校应用型课程体系的创新。

第一，改革人才培养方案。在确定为转型高校后，应出台《专业人才培养方案的原则意见》，制订符合应用型人才培养及发展的专业人才培养方案，在执行的基础之上，制订下一年的人才培养方案。

第二，深化教育教学，改革适应转型发展的需要，培养应用技术人才，下发《课程建设指导意见》，全面实施以课程教学模式改革为重点的课程建设工作。应经过立项后，再批准校级课程教学模式改革课程的立项建设。改革的重点主要是教学内容、教学方法和考核方法的改革，要求转型试点专业的专业主干课全部进行课程教学模式改革。

第三，为进一步适应学校转型发展需要，建设应用技术型大学，培养应用技术型人才，提高学生的人文素养、科学素养、创新意识和实践能力。确保学校的第二课堂管理工作科学化和规范化，纳入专业人才培养方案进行管理，第二课堂学分应包括：创新与技能教育学分和素质拓展学分。其中，创新与技能教育学分按照《创新与技能教育学分管理办法》和各学院制定的《专业创新与技能教育学分实施细则》要求，予以执行；素质拓展学分按照校学工部制定的《学生素质拓展教育学分管理办法》和各学院制定的《素质拓展学分实施细则》要求予以执行。

第四，省级、校级创新创业教育试点所建立的培养方案要区别于以往的课程体系，在人才培养的过程中始终要保证创新创业教育的存在，为此学校应单独设立模块。其他有能力的专业，也可以设立其他创新创业课程体系的培养方案，创新创业基础训练课程设置必修课。这些政策能够使应用型课程体系逐渐完善，促进应用型课程体系的创新。

第四节　产教深度融合背景下高校应用型课程的实践研究

一、高校应用型课程的实践策略及其实现途径研究

随着社会发展与科学技术的进步，产业升级与转型中的科技含量越来越高，对人才的需求与要求也在不断提高。产业升级发展需要的不仅是高技术人才，同样也对人才的综合素养有了新要求，既要拥有专业知识，也要具备通用知识，面对工作压力能够自我缓解，也能够在关键时刻用自己的专业与能力挑起大梁。人才的培养离不开学校，高素质的应用型、专业型的复合人才是当前高校人才培养的目标，尤其是在当前产教融合的背景下，高校行业学院是当前大部分院校改革的方向。教育为经济服务，经济为教育发展提供支持，二者相辅相成。

（一）高校应用型课程的实践策略

产教深度融合下的应用型院校转型既是学校的选择，也是社会发展的趋势，高精尖技术人才的培养离不开高校的教育教学。应用型课程强化产教融合的工作主要有以下四方面。

1. 采取校企合作育人培养机制

将学校教学与企业发展紧密结合，加深学校产教融合的深度。产教融合是学校教学更加接地气的重要方式，也是学生更进一步接触自己的职业生涯与积累社会经验的重要方式。产教融合是双向的、全方位、全过程的工作过程，因此，产教深度融合是产业与教育、企业与学校双主体的工作流程，是合作育人培养机制。

2. 形成产业人才闭环合作机制

产教深度融合背景下的校企合作育人机制，构建以人才需求为导向的“教学一科研一产业”闭环合作机制，实现教科研与产业产出的合理交互与输出。校企合作育人培养机制是产教融合背景下学校与企业的科学选择，发挥学校在人才培养、文化传

承、知识传递中的外输作用，发挥企业在技术创新、产业升级、人才需求中的内引作用，二者相辅相成，共同培养应用型复合人才。企业的发展经验是高校行业学院与学生所需要的，学校系统化的教育、培训体系是企业所向往的，二者结合形成人才培养的闭环，充分发挥企业行业资源与学校教育资源的优势互补作用，为社会发展、经济转型、产业升级培养优秀的复合型人才。

3.构建校企深度交流长效机制

产教深度融合最直观的表现是校企合作的进一步加深，校企合作进一步加深就需要双方建立起深度长效交流机制。校企间的深度长效交流机制，能够为学校提供最新的行业、产业发展动态，为学校的教学提供目标指引；能够向企业及时反馈高校教学的课程与内容是否与行业、产业的发展相匹配，提高产教融合的适配度。在校企交流的长效机制下，学生可以到企业或者由企业师傅带领进行专业训练，企业也可以将行业发展的技术如硬件、软件等引入课堂，激发学生的学习热情。

4.服务地方经济，共创地方发展

应用型院校是扎根在地方上的，是服务于地方经济的，因此，学校应共创地方发展，高校行业学院的改革目的之一就是为地方经济发展及社会服务提供专业的人力资源。高校的建立与发展，与其所在城市是互相成就的，学校为地方发展提供人才。高校行业学院的人才培养是与地方政府、行业企业发展的需求息息相关的，三者只有加强合作，才能实现教学、发展、产业的利益最大化。应建立共享机制，利用互联网技术建立线上共享平台以及线下交流的共享工作机制，发挥学校的理论、人才等优势，为政府决策、企业发展提供帮助，做好智库角色；政府为地方发展听取学校与企业的建议与意见；企业为高校提供平台、实训实习机会与基地，促进学生尽快成长，三方合作共赢，为地方经济、文化等发展做出贡献。

高校行业学院在产教深度融合背景下的应用型课程体系构建，必须紧紧围绕学校所在地方的区域经济与社会发展，在遵循国家政策的前提下，根据区域优势与地方产业企业的发展需求，在地方经济发展、精神文明建设、文化发展、公共事业服务等重大事项上发挥应有的作用，促进地方经济、科技的发展。

（二）高校应用型课程的实现途径

新时代背景下，高校应用型课程强化产教深度融合是必然趋势，主要的实现途径有以下四方面：

1.改善实践教学条件

高校行业学院的资金主要是财政拨款，但是学校各方面的建设都需要资金投入，有比较大的资金缺口。在产教深度融合的背景下，企业可以在资金与设备方面对学校进行投资，建立校内的实验室、实训室等，为学生的实践教学创造良好条件，提升实践教学的质量。高校行业学院的很多实验室、实训室都是与企业合作建立的，企业出资、出设备，学校提供场地，企业提供技术支持，学生可以在里面进行学习与练习。例如，腾讯公司建立创新俱乐部，为教学提供专业技术服务；建立校企联合实验室和协同创新实验室，为高校的教学通过云计算平台与服务，搭建学校在线实践教学云平台，丰富学校的应用型课程实践教学内容与形式；为学生申请了专门的实习岗位，丰富学生的实践经验。“在日常的教学中，实践教学非常容易被忽视，举例来说，工商企业管理在实际的教学过程中，实践教学的开展与其他学科的实践教学存在很大差距。”

2. 支持学校师资建设

教师是教学的主导者，同样也是学习者，终身学习是当前教育的主流观念，作为教师也不能例外。高校行业学院的应用型课程教师承担的责任更加重大，对教师的要求也更高。因此，教师也必须时刻学习，参加企业的专业培训。在教师培训方面，企业的培训更加专业，更有针对性和适用性，所培训的内容实用性更强。例如，腾讯公司为高校教师设置了访学岗位，以腾讯内部的培训和内容来提高教师的专业能力；华为的教师认证培训除了提高高校教师的信息技术教学能力外，也为高校教师打开了新的技术大门，让高校教师在教学理念上有了更多的灵感；阿里巴巴公司为高校教师开设了“百年橙师”师资培训计划，为高校教师提供电商等专业的师资培训等，企业以自身的技术能力与经验为高校教师赋能。

3. 培养学生双创能力

创新创业是现在每个大学生必须具备的能力之一，也是高校行业学院应用型课程的培养重点。新时代下的社会环境对学生而言有很大的吸引力，优秀的创业导师会对学生的创业起到事半功倍的效果。产教深度融合背景下，企业可以有效地推进高校行业学院的应用型课程教学和创新创业教育教学，以建设创客空间、项目孵化园等方式为学生创业提供场地、资金、技术。与此同时，企业可以派驻相关人员作为创业导师，与学校教师一起为学生的创业提供指导，提高学校双创工作效果，为学生的创新创业营造良好环境。

4. 探索全新人才培养模式

高校行业学院的人才培养不仅要提高学生的理论水平，还要加深对学生应用型课程和实践能力的培养，通过校企合作来实现这一目的，是产教融合背景下企业与高校行业学院进行人才培养的重要方法之一。例如，华为推出的“鲲鹏高校人才计划”，联合高校、教学指导委员会等组织机构，制定核心技术领域的人才培养方案和专业标准，提升高校人才培养的专业深度；腾讯公司针对高校的开发者推出“云梯计划”，为学生提供免费的腾讯云培训和认证，对学生进行系统培训，对接人才培养与岗位需求，引导学生参与互联网产业的探索，掌握前沿数字技术，为数字经济以及信息化、数字化等智慧产业的发展提供人才储备。

由此可见，产教深度融合背景下，企业与高校行业学院的校企合作方式是强化应用型课程产教融合的重要途径，也是当前高校培养复合型高精尖技术人才的重要渠道。正是因为产教融合的进一步加深，校企合作的效果才能更加突显，高校行业学院的人才培养工作更有效。

二、以高校应用型课程为实践的双师交流机制

(一)双师交流机制的主要内容

1.教学交流机制

(1)教学实训基地

校企合作需要建立教学实训基地，在建立教学实训基地时，企业协助高校一起设计建设方案，并提供一定资源支持。需要注意的是，教学实训基地的建设要以解决课程设计、高校人才培养方向、高校教学目标为目的，通过校企合作促进学校专业的快速发展。

(2)实习实训指导

实习实训指导主要包含两方面：第一，学校应该与合作企业共同设计合作方案，签订协议，根据方案制订的内容开展合作计划。合作计划中应该包含参与培训的学生人数、涉及的学生专业、开展实习培训的时间、实习的主要培训内容、实习活动的负责人等信息。方案经过双方确认后，可以有效施行，实习过程中学校应该指派实习负责老师指导学生，确保学生遵守纪律和规定；企业应该指派技术出色的工程师带领学生实际操作，培养学生的动手能力。

第二，学校和企业共同开发课程、编写教材。企业派出技术一流的工匠指导学生的实习过程，灵活地为学生安排教学内容、设置教学时间，与学校的理论教师共同安排课程内容，为学生技术培训做出有效指导，还可以指派教师到高校进行到校培训。与此同时，学校也会指派教师到企业参观学习，丰富自身的实践经验，也会要求教师承担企业的项目研发工作，帮助企业创新技术、改造产品，为企业员工的理论技能做

培训。

2. 师资交流机制

(1)学校教师深入企业

教师走入企业学习实践技能、累积经验,掌握先进的知识与技术、工艺与方法,从多个方面、多个角度提升自身的能力和素养。高校行业学院会根据学校的具体情况安排一定数量的教师到企业开展定期学习,学校制定教师进企业挂职锻炼的管理条例,条例中明确规定应该优先安排没有实践工作经验的教师到相关企业开展学习,带领学生观看实际操作过程,上手锻炼学习各种技能。教师应该注重通过学习方式加深和企业之间的关联,同时提升自己的能力。具有丰富的实践操作经验的教师可以深入企业帮助企业研发项目、创新技术。

学院应定期走访和检查教师在企业的工作和学习情况,检查方面包括教师是否在岗教师的工作内容、教师的工作纪律以及教师的工作效果。教师在实践培训之后需要填写教师进企业学习考核表,要在表格中总结实践经验,而且还要附加在企业学习实践的证明材料。例如,在实习期间完成的课题研究、课题报告或课题论文;在企业中获得的有助于教学开展的案例材料或与企业共同设计研发的培训资料;为企业员工实行的指导咨询;帮助企业解决的实际问题;与企业共同创新的基础项目;从企业接受的设备资源、资金支持等,学校的各个相关部门对教师进入企业学习的情况进行综合的考核与评定。在教师结束实践返回学校后,学校内部应该举办教师学习成果交流会,通过汇报实践成果、心得体会,促进教师之间的交流。与此同时,在交流会上应该对教师的情况给予评定:优秀的教师可以按照对学校的贡献给予相应的奖励;对于成绩不合格的教师,不给予奖励或扣除相应的绩效。

(2)企业专家进学校

企业的能工巧匠、技术专家走进学校,是作为学校的兼职教师为学生讲授实践操作技能与技术运用知识的,一般情况下,承担的是学生实训课的教学任务,企业也可以为学校推荐优秀的技术专家担任兼职教师,增加和学校的交流。学校也应该安排专职教师和企业的专家开展交流会,尤其是在学校实践课程相关的内容方面多多和企业专家进行交流。例如,实践课程的内容安排、实践教室的建立等,吸取企业专家的建议有助于顺利开展实践教学活动。除此之外,也可以安排学校专职教师和企业兼职教师互相帮扶,形成组合,取长补短。

第一,企事业单位的技术专家、能工巧匠在高校行业学院的任职条件。要具备良好的品德,有爱岗敬业的精神且具备一定教学经验,能够掌握教学方法。在学历方面应该具有本科学历或中级以上技术职称；在专业知识水平方面应该能够指导课程的开展或者是学生论文的设计。此外，任职教师应该身体健康、具备活力、爱岗敬业。

第二，企事业单位的技术专家、能工巧匠在院校任职的相关管理。兼职教师由所在院校的学院、学校教务处、学校人事处统一负责。学院按照兼职教师的管理要求建立教师档案，将所有的教师档案整合汇总到学校的人事处，由人事处统一建立兼职教师的档案库；兼职教师日常的工作管理由学院负责，学院应该每学期定期举办兼职教师交流会议，向兼职教师传达学校的具体管理条例，了解兼职教师的工作情况，总结兼职教师的工作内容；兼职教师的教学质量由学校的督导处负责；兼职教师的工作量由教务处负责，督导处还应该负责检查兼职教师的授课情况、课程设计情况、作业批改情况。

第三，外聘兼职教师的职责。教学工作量包括上课、辅导、批改作业、出试卷、批改试卷、评定成绩、试卷材料归档等。按学校的教学计划、课程标准等教学文件进行讲义组织和教案制定，按行动导向、学生主体的要求实施教学，必须备有所教课程的教案，以保证教学质量；学期第一周填写《授课进度计划》并经各院(部)审核后交教务处存档备查；严格按照课程表讲课，未经聘任学院和教务处批准，不准擅自调课、停课或更换教师，因事因病请假，复课后必须及时补课；认真进行课程辅导，作业批改；参加所授课程试卷的出题、监考、评卷等工作；在每学期课程考试结束后，按学校要求及时录入和送交学生成绩，并按照学校对试卷相关材料的要求，提供相应材料。参加各院(部)组织的集体教研活动，每学期参加教研活动不少于 4 次，并对学校的各项工作提出合理化建议，共同搞好教学活动。

3. 文化交流机制

学校与企业合作举办多样化的活动(如校企合作交流会、企业文化活动、企业调研活动、创业大赛、创业成果展示等)，为高校行业学院的学生推介校企合作项目，这些活动可邀请有关部门、媒体、企业家、专家教授等前来参加。

4. 技术交流机制

校企双方通过合作开展不同类型、层次的项目，可以利用现代媒体发表合作研究的成果。校企合作通过技术交流综合各自的优势资源，在满足区域经济发展和区域需求的基础上，构建双师型的友好交流以及双向服务，通过整合教学资源、专家技术、教学场地以及教学设备，在项目中发挥出各自的优势，研制出高水平、高技能、具备创新性的技术。与此同时，积极争取相关支持政策，通过合作带动提升地方经济。学校和企业双方可以通过技术交流会议、行业交流会议等渠道介绍对方，扩大彼此的影响力。

(二)双师交流机制的组织实施

校企合作过程当中,各个学院应该和企业之间成立双师工作小组。工作小组主要负责学校和企业之间的日常联络,工作小组需要学校和企业各派出一到两名工作人员,通过联络小组交流合作计划,协调日常工作中出现的相关问题。应保持一学期至少交流三次,而且要做好交流会议的记录。学院应负责检查学院各个专业的平时交流情况,再由学校的人事处检查各个学院的双师交流情况。除此之外,各个学院还应定期到企业展开走访交流,了解企业的发展状况与需求,了解企业自身的人才需求,及时为企业提供人才培训。通过交流小组落实双师工作计划,促进双师交流机制稳定、有序发展。

三、以高校应用型课程为实践的基地共建机制

(一)校内实践教学基地

达成学校与企业的融合,共同打造"校中厂"。在校企合作过程中,让企业进入到学校当中来,企业根据生产要求,为生产车间的建设、原材料和加工产品的销售提供标准。学校根据企业提出的要求提供满足企业要求的环境、合适的地理位置和相应的设备,建立以生产为导向的培训基地和培训工厂。企业管理工厂的生产和运营,指导教师和学生的生产和实践。学校根据生产要求将动手课程整合到教育过程中,并安排学生到校内实践基地——"校中厂"实践;企业根据自身的发展情况提出人才要求,学校和企业在课程内容上共同开发实践培训课程,将企业文化、生产技术的要求、生产运营的要求等方面内容纳入培训内容中。高校行业学院应积极与企业进行合作,共同建立实习基地。

1. 建立校内实训基地的原则

建立实训基地的原则是共同建设、共同管理、共享资源和达成双赢。通过优势互补、深入发展、持续良好的合作、服务教育,积极开展实训基地的建立。从最开始的尝试发展、不断完善后,让实训基地逐步成为技术密集、高效的教育基地。在综合管理原则上,学校和企业的利益应该统一,双方有着共同的奋斗目标,共同承担责任,综合管理、综合规划、综合考核;在合作过程中,应落实校企互动的原则,实训基地是学校师生的实践平台,让所学的理论可以具体化实现。请企业优秀专业的一线人才来学校为学生提供指导,双方良好的合作互动对双方都有积极作用。学生能够在这一过

程中，提升自己的实践能力，企业人才也能进一步发展。

2. 校内实训基地的资产管理

“校中厂”资产采购程序参照《校内实践教学条件建设与运行管理程序》执行，该资产列入学校固定资产，作为校产的一部分来管理。“校中厂”资产主要按照以下条款进行管理：

第一，“校中厂”固定资产的日常维护是使用单位应该完成的工作。使用单位提出维护和翻新项目，经过有关上级部门批准后，由资产管理部门执行。维护“厂中校”的固定资产是企业的责任，设备改进项目则通过谈判另行处理。

第二，校企合作项目的资产转移到学校并在学校资产管理部门注册。与此同时，应对资产管理台账做出更改，以使资产管理台账、卡片和材料匹配。从原则上而言，不允许将校企项目资产转移出校。如有必要，应根据设备变更处理相关的设备，按照转移程序依法进行，如果是长期转移，则应及时注销。

第三，“校中厂”资产处置应按照有关学校产品处置的有关规定和程序进行，并提交给供应商备案，按照企业资产处置程序执行“校中厂”资产的处置，并提交给学校备案。

（二）校外实践教学基地

学校应和企业合作，共同建立可供学生实习的校外实习基地，为学生提供机会实习，为学生今后就业形成优势。企业提供培训中心和培训条件，让专业的人才对学生进行培训管理，根据企业的生产需求建立生产性培训基地，建立内部学校培训室，并可以让培训室成为学生进行实践的生产车间。“厂中校”以企业为主要管理机构，并将其整合到企业的各个流程计划中，企业与学校共同制定学生的培训课程内容，以及学生的实践活动。为了使学生的职业技能与企业职业技能匹配，学生的实习培训环境与企业生产环境相吻合，教师和企业领导应共同开展教育任务。

四、以高校应用型课程为实践的学生就业机制

（一）就业机制的分类

1. 就业工作机制

高校行业学院的办学方针就是以就业为指导，需要将学生的就业工作放在重要位置。产教深度融合既是实现高校与企业之间的共赢，还是实现高校与企业可持续发展的重要途径。高校认真落实就业工作重心，明确校院两级工作职责，加强目标管

理。企业提供生产标准,参与人才培养方案的制定,参与课程开发,安排学生顶岗实习,提供就业岗位,反馈毕业生信息,积极与学校开展合作育人、合作办学,提升学生就业能力和就业质量。高校应强化职业生涯规划和就业指导课的师资队伍以及学生就业服务指导中心,提供就业信息,开展就业咨询;提高学生就业奖励基金和创业基金额度,扩建学生创业园,搭建创业平台,开展创业教育,提升学生的创业能力;建立毕业生跟踪调查制度,及时调整培养方向,适应企业要求。

2. 就业反馈机制

学校应该对学生的就业工作进行全面调查。除了做好市场需求分析以外,还应该调查好学生的就业意向,可以通过调查问卷的方式完成。通过调查多年来毕业生的工作意愿、就业变化选择,以及回访各专业的毕业生,收集企业对毕业生的工作满意情况,形成有参考价值的分析数据。因此,可以有针对性地促进就业指导发展,更好地完成学生们的就业工作。在其中,对过往毕业生的跟踪调查是非常重要的环节,调查他们对于毕业后的工作满意情况,学校应该编制关于最近几年毕业生就业质量的报告,将形成的报告上传到省教育厅就业指导中心。

(二)就业机制的构建

1. 进一步完善保障机制

在高校行业学院实现产教深度融合的过程中,政府的政策支持还不够,形成的指导体系也不够科学高效。总而言之,现在的情况是产教融合的效率很低。为了应对这种情况,首先,必须建立和完善产教融合的保障机制,为高校行业学院提供可靠的制度基础,在实行产教融合的过程中坚持做到遵守法治。只有通过这一做法,才能保证生产与教育的融合落实下去。其次,应该建立良好而有效的实践制度。建立相关制度可以增加投入的有效性,以确保学习对人才的培训有效。同时,还应该通过立法确保高校行业学院的重要地位,产教融合应该落实到高校行业学院的各个方面中。最后,应该建立起现代的高校行业学院教育体系,指导高校行业学院进行专业管理,指导应用型课程进行企业实践和教学的结合,为其发展指明方向。

2. 多样化合理分配资源

高校行业学院实现产教融合的一大前提是具备一定的经济基础,高校行业学院教育需要改革,而教学改革能够取得有效进展的支撑就是足够的资金支持。因此,如果要确保应用型课程教育产教融合的发展能够有效运作,应该从以下两方面入手:首先,有必要确保资金来源的渠道足够多,资金来源的多样化能够确保资金链不会突然中断;其次,应该进行多样化的资源分配,以确保各级职业学院和行业组织的有机整合，彼此互补，共享资源，实现生产与教育的真正融合，并为企业发展做出更多贡献。因此，资源多样化配置机制的设置非常重要，这能够满足企业人才需求，缩小实际教育方式与现实之间的差距，整合资源，促进校企和社会组织进一步合作，促进应用型课程产教融合科学合理发展。

3. 全力建设综合服务中心

高校行业学院的建立是可以为当地经济发展做出贡献的，农村经济发展都是相对薄弱的地方，应该积极促进产教深度融合，全力推进农村经济建设服务中心的建设，并不断完善。与此同时，随着产业结构的发展，高校行业学院也需要适应当地经济发展而及时作出调整，满足当地的人才需求，作出相应的调整措施以深化教育改革。高校行业学院的发展是汇聚当地政府、当地企业以及高校本身三位一体的共同发展，三方共同为当地发展做出贡献。

4. 推动校企深度融合发展

通过学校和企业的合作，共同开发所需课程，研发的课程应与社会的实际需求接轨。双方积极开展合作，共同确定课程标准，共同开发互利的新课程，共同编写教科书、学习资料书，创建评估规范，并建立可供学生练习的题库。研发所建设的课程内容应能够反映实际情况，实现教育内容与生产实践以及所学专业的融合。

五、以高校应用型课程为实践的合作激励机制

校企合作激励机制是指根据学校和企业的具体需求，在实际合作的过程中充分考虑内外积极因素，利用一切可利用的方法，不断提高积极性和合作动力的系统方法。校企合作激励的主要目的是激发合作团队成员的正确行为动机，调动其积极性和创造性，充分发挥智力效应的迭代作用，做出更大的成绩。

（一）校企合作激励机制的特点

参与校企合作的团队是校企合作平台的基本组成部分，校企合作激励机制的对象也主要是参与合作的团队及其成员。校企合作的团队主要是由学校师生和企业的相关成员共同组成，双方成员以任务为导向，以实现共同目标为最终目标，全体成员通力合作，实现人力、智力、财力和信息的重组优化、有效组合的多功能团队。

1. 合作团队的特点

（1）扁平化的结构组织

参与合作的团队一般是一个特殊的、临时的团队，团队因为合作项目而产生。从组织形式而言，合作团队是跨组织的团队，文化差异较大；从构成而言，合作团队主要

由学校师生和企业的团队成员构成；从结构而言，合作团队的组织机制和性质决定了合作团队应对团队成员充分授权，团队成员可以有充足的发挥空间，对合作创新所面临的问题进行充分决策，这属于典型的扁平化结构。结构的扁平化使得合作团队的管理范围和跨度得以拓展，避免冗余的审批沟通环节，增强工作的协同性，产生比单个主体简单加总更大的价值。此外，团队中每个成员的人事关系依然属于原单位，对项目研发中出现的问题有充分的发言权，彼此之间都是独立的，是一种相互鼓励、相互切磋、相互促进的平等关系。

(2)知识结构合理

学校的师生和企业的工作人员在参与合作团队之前有着不同的工作经历和工作经验，也有着不同的知识结构与技能基础，双方的搭配组合使得合作团队实现了知识互补，知识结构多样化，从知识结构和技术储备方面为合作项目及任务的完成提供了保障。更为重要的是，团队成员之间正式的和非正式的沟通交流，有利于团队成员之间思维碰撞，调整工作思路和方法，激发出新的思路和灵感，为项目任务的保质保量完成产生积极的影响。

(3)合作与竞争共存

团队成员处于各为其职的合作状态，合作的目的是完成各自的任务，双方成员都会尽自己最大努力进行探讨合作。团队成员也会努力工作以期得到认可，彼此之间又存在着竞争的关系。因此，合作和竞争是共生并存的关系，任何团队组织如果没有了合作和竞争，那么这个团队也就失去了活力，校企合作过程中团队的竞争是一种合作性的良性竞争。

2.合作团队成员的特点

(1)人员素质相对较高

能够参与到合作中来的团队成员的学历和文化层次相对较高，而且都具有较为专业的知识背景和技术能力，其中不乏行业内的学术带头人。由学校师生和企业研发人员组成的合作团队有各自的工作习惯和特点，注重自我管理和启发，对工作有较强的责任心和忠诚度。

(2)进取心强烈，具有开拓创新精神

从事项目研发创新活动的人员应不断更新自己的知识储备，否则思维就会僵化，创新能力就会减弱。能够长期从事研发工作的人员应具有保持自身优势和价值的方法和良好习惯，并具有强烈的进取心和学习欲望，对未知的领域和困难保持较强的好奇心。这些特征都非常有利于完成校企合作项目。

(3)需求层次较高

团队成员将攻克难题看作一种乐趣，注重自身素质的提升和自我价值的实现，从具体的合作中体会成功带来的喜悦，从而实现更高层次的价值需求，校企合作运行阶段的分析、认可、参与决策等是激励他们的重要因素。

(二)校企合作激励机制的因素分析

1.校企合作项目的需求因素

(1)充足的资源补给

学校和企业选择合作，是因为单方面的资源不能满足各自的需求，或者因为自身目标的追求对资源有更高的需求。在双方合作的过程中，应满足所需资源，否则就会导致创新不足，校企合作平台就不会发挥功效。

(2)科研氛围的营造保持

严谨、浓厚的科研氛围对合作团队而言至关重要，只有形成了较为成熟的科研氛围和科研习惯并保持和持续，才能激发团队的集体智慧，为合作创新提供智力保障和环境烘托，显著提升合作效果。

(3)公平合理的评价体系

团队的合作效果最终要依靠评价来确定，评价的指标主要包括：成员的努力水平、成果产出量化、研发成果的数量和价值等。评价指标要适当、合理，只有评价得合理，才能及时、准确地衡量合作团队的创造能力，纠正平台的偏差和潜在风险。

2.合作团队成员的需求分析

(1)薪酬是合作团队成员需求的基本需求。薪酬激励对大部分成员都是有效的，尤其是针对普通的科研工作者和基层的企业工作人员，在当今社会压力的影响下，经济性报酬依然是改善生活最主要的来源，在各种需求中处于重要位置。确立薪酬体系的基本步骤应包括：首先，对双方员工的薪酬现状进行调查，尤其是相关行业的薪酬制度和薪酬水平；其次，确定成员的绩效标准，可以采取双方独立核算和制定标准，也可以保证合作成员在原单位领取薪水的基础上，根据项目的进度进展和效益来评定绩效标准；最后，设计薪酬结构，包括基本工资、绩效、福利以及各自的分配比例。此外，薪酬激励还需要依据团队成员职位变迁、工作经验的积累、需求层次的变化适时进行调整。

(2)表扬、奖励、认可、肯定和尊重是合作成员的更高层次的需求。学校和企业联合组成的研发团队，是涉及双方合作的组织，成员来自不同的组织，具有不同的企业文化和认知差异。团队成员之间只有相互鼓励、尊重，才能营造良好的合作氛围，既有利于团队成员的向心力和凝聚力，也有利于自身创造力的发挥。如果满足尊重的需要，便会激发出个体无限的热情和主动性。

(3)自我实现是最高层次的需要。团队成员的个人理想和价值追求是促进其不断创新创造的不竭动力，有时甚至表现为自我超越。在组成合作团队时，就需要将不同的成员放到合适的工作岗位上，尽量使每位成员都能做自己感兴趣的工作，实现情绪的愉悦和满足自我实现的需求。

3.校企合作平台的激励因素

(1)具体的激励因素分析。一方面，薪酬激励，经济报酬类的激励因素是团队成员最主要的需求和刺激因素，也是非常有效的激励手段。薪酬不仅是生活的基本需要，也是对成员个体的能力和价值的认可，代表着社会地位的高低，是个人价值实现最直观的体现。另一方面，资源激励，合作团队成员来自不同的组织，构成比较复杂，资源的需求也比较复杂。例如，学校科研人员需要的是资金、设备以及一线的实践经验，企业科研人员需要完整的理论体系的引导以及学术前沿的把握等。

(2)抽象的激励因素分析。物质激励是提高成员生活质量的重要因素，精神激励则是调动成员积极主动性和激发责任心的重要因素，主要包括机会发展的平台和文化的熏陶等。这两种激励因素使得员工的个人发展空间和成长得到保证，机会主要包括学习、培训、晋升、决策以及获得授权的机会等，并将通过完善制度来保障这些机会，使合作团队能够保持积极向上的文化氛围和正常运转的动力。

(三)校企合作激励机制的原则

第一，集体目标与个体目标相结合的原则。在校企合作激励机制构建中，目标的设置需要考虑集体目标和个体目标设置的合理性，只有同时体现二者的需求，才可以大幅提高团队的生产效率。

第二，具体激励与抽象激励相结合的原则。具体的物质激励手段是基础，抽象的精神激励手段是根本，两者有机结合的基础上，要逐步过渡到以抽象的精神激励手段为主。

第三，惩恶扬善和公平合理相结合的原则。激励机制的主要目的是引导团队成员自觉传承和表现出好的行为，放弃不利于团队的不好的行为。因此，激励机制就必须严格区分正向激励和负向激励，要表扬奖励符合组织目标的行为，惩罚违背团队原则的行为，而且奖励和惩罚措施要做到公平、适度、合理。

第四，民主公开和机会均等相结合的原则。激励对象的选择要做到民主公开、机会均等，激励的目的要明确、方法要恰当、机会要均等，民主性、公开性和均等性与激励产生的效果和心理效应成正比，只有这样才能达到激励的目的，否则，激励反而会起反作用。

第五，时效和按需激励相结合的原则。激励措施的实施需要选择合适的时机，越及时越有时效性，则效果越好，越有利于团队成员的自我激发和创造力的持续发挥。在激励时，应当充分考虑成员的不同的需求，只有满足了不同成员的最迫切的需求，激励的效用和强度才能达到最高。例如，针对临时组建的校企合作团队，缺乏双方人员的彼此了解和熟识，就可以组织一些面向集体的拓展培训活动，使团队成员在共同的团体互动中体会团队的凝聚力，增加对彼此的熟悉程度，尽快进入无缝合作状态。

(四)校企合作激励机制的实践

为了实现深层次的校企合作，推动校企合作有效进行，调动内部人员参与的积极性和主动性，构建高效合理的激励机制已经是大势所趋。主要可从以下方面着手：

1. 构建多元化的激励主体

在构建校企合作的激励机制时要构建多元化的激励主体，尤其是政府要强化激励主导地位，明确学校和企业在合作过程中的主体地位，并充分建立和发挥社会组织的桥梁和纽带作用，强调政府在激励机制中的主导地位。高等教育培育的人才属于准公共产品，学校与企业的合作有利于这些准公共产品的产生，应通过政府的各种职能手段进行调控和配置，高校行业学院在很大程度上就是政府对资源和政策进行配置后的结果。因此，作为公共资源的保护者和公共政策的制定者，应当突出政府在校企合作中统筹发展的主导地位，发挥协调、推动和监督的作用。主要可从以下三方面着手：

第一，政策引导。学校和企业的发展以及校企合作的发展都离不开政府的支持，在学校与企业合作的激励机制构建中，政府应成为激励机制的上游或处于主导地位，为校企合作提供政策激励引导。具体而言，政府应通过正式的政策文件确立校企合作的社会地位，明确鼓励支持的态度，并大力宣传报道优秀、典型的校企合作案例，制定相关的优惠政策和奖励措施，以提高学校和企业的知名度和公信力，调动双方合作的积极性。

第二，资金投入。政府为学校办学提供资金支持属于政府的基本工作之一，体现了政府对学校办学的主导作用。政府还可以以自身为桥梁，联系企业和学校促进二者的合作，鼓励企业以及其他社会力量为学校办学提供资金支持，缓解政府自身为学校提供资金的压力。

第三，监督管理。学校与企业合作的顺利进行，离不开各级政府的监督管理。政府应设立中央、省(自治区、直辖市)、地级市、县(乡)四级专职组织管理机构,承担校企合作平台的第三方监管工作。政府机构应联合教育、财政、人事、工商等部门共同成立校企合作指导委员会,制定合作办学的措施和发展规划,解决实际合作过程中的问题,定期对校企合作的成功案例进行推广和评优奖励。学校和企业也应该相应地成立校企合作办公室开展对口对接、联系沟通、整体评估等工作。

2. 明确学校和企业的主体地位

校企合作的主要目的之一是为了培养具备综合素养的技术型人才,这也是校企合作主体的主要职责。政府虽然在校企合作过程中处于主导地位,但是学校和企业这两个主体的地位依然不可动摇。在校企合作的实际开展过程中,在强化政府主导地位的同时,还需要明确学校和企业实施主体的地位,秉承互惠互利的原则,实现双赢。

第一,从学校的角度而言,我国的高校社会地位普遍偏高,学校固化于自己的社会地位,地方性质的应用型学校能够联系到的企业资源有限,也没有国内知名学校的竞争力。对于地方应用型学校而言,更应该发挥自身的主动性。学校想要和企业之间展开深入的合作,需要做到以下四个方面:

首先,要从社会层面改变对大学地位的认知,客观地评价大学的社会地位,学校更应该认清自己的发展定位,主动走出校园寻求能够促进学校发展的资源,为社会提供更多优质的服务,与此同时,也提高学校项目科研的转化率;其次,学校在谋求企业合作时应该注意寻求适合自身特色办学的企业,避免同类项目扎堆,学校应该办出自身的办学特色,为社会提供符合需求的人才;再次,高校应该与社会保持紧密的联系,与社会发展同步,传统的学校办学理念、管理模式、教学方法都很难适合如今的社会发展需求,学校应该改变教学体系、管理体系,寻求与社会同步;最后,学校要主动联系和学校发展相吻合的企业,寻求企业的资金支持、设备支持以及场地支持。总而言之,学校应该创新自身的办学理念、培养体系、教学方式,全面地和社会发展接轨、同步,积极联系社会企业,谋求学校的快速发展。

第二,从企业的角度而言,我国的大部分企业对校企合作的参与度和积极性不高,主要有两个原因:首先,企业的根本目的是实现利益最大化,企业参与校企合作时必然会计算自己的投入和产出比,达不到预期可能会放弃合作,而实际的校企合作存在着很多不确定的风险,大部分项目的市场估值不可准确预期,企业为了避免风险和责任,一般会保守地选择不合作;其次,校企合作过程中,学校一般处于优势地位,企业处于从属地位。因此,校企合作必须从调动企业的积极性方面着手,学校从合作姿态、合作项目管理、利益分配等方面强化平等理念，政府对参与企业给予一定财政补贴、政策优惠税收减免和精神激励，还应该从法律法规等方面规定和引导企业的社会责任感，以此加强企业参与校企合作的意识和明确对社会的责任和义务。

(五)校企合作运行阶段机制

1.发挥组织桥梁和纽带的作用

行业协会是以行业为基础，为行业内部的经营者提供信息咨询、行业服务以及协调监督行业，处于政府与企业之间的非官方社会组织。行业协会的存在有效促进了企业和学校之间的沟通，是二者之间沟通的桥梁，有效促进了校企合作以及产学研合作。对于学校而言，行业协会的存在极大地帮助了学校了解行业需求，促进学校更改自身的教学内容、培养方式；对于企业而言，行业协会的存在有效地监督了行业发展，协调了各个企业之间、校企之间的关系。行业协会对校企合作的作用主要表现在以下三个方面：

(1)行业协会能够指导行业教育。行业协会相当于是行业内部的指导委员会，对于行业而言，如果想稳定持续地发展，就需要技术的创新、项目的科研研究，学校可以为行业提供项目研究。作为行业和学校之间的桥梁，行业协会必须强化自身的管理，充分发挥自身的职能作用，统筹各个企业。与此同时，和政府部门、学校展开密切的联系，遵照地方整体经济发展目标，协调行业内部发展，和学校之间展开定期的合作，为学校和优势企业之间建立联结，发挥自身的影响力，促进校企合作有效开展。

(2)行业协会能够进行资质认定。行业协会可以认定企业资质与学校资质，在学校和企业加入校企合作前，行业协会可以对学校以及企业展开调研，考察企业和学校的资质。资质考察主要是为企业以及学校之间展开合作与选择提供信息参考，这种认证可以是官方认证，也可以是非官方认证，主要是为了增加学校和企业之间的信任。通过考察符合行业研发与人才培养需求的学校可以进入校企合作范畴，企业需要满足学校对企业规模状况、管理情况、经营情况、口碑情况的要求，才能进入校企合作范畴。在校企合作范围之内的行业和学校，行业协会应为其制定合作方向、合作内容，有效地缩短二者在寻求合作伙伴的过程中挑选和调查的时间。

(3)行业协会能够扩大校企合作的范围。政府应对行业协会的工作给予支持和认可，也可以适当地监督行业协会的发展。行业协会的出现有效地帮助学校和企业之间建立合作，是企业和学校之间重要的沟通桥梁。

2.提高学校的自身能力和吸引力

校企合作是一项涉及多个主体的大工程。学校为了加强和吸引与企业的合作，必须对自身的能力加以提升，并凸显企业参与合作的主体地位。学校在这个过程中应主动适应校企合作的模式，对企业在合作中的地位给予充分的认同，在全校范围内形成积极的校企合作文化，确立学校和企业合作的双主体地位；改革对人才的培养体系，加快学校实验基地的建设，促进学校和企业之间的资源共享；加快改革速度，建立健全学校的管理体系，创新学校的教学机制，教学内容的确立需要和企业的需求相结合，满足企业对学校的知识需求，为企业提供更多符合需求的人才；与企业之间展开定期交流和调研，开发企业需求的课程，为企业和地区的经济发展培养定型化的新兴人才；加强学校师资队伍的建设，调动教师的工作积极性，鼓励教师走入企业，也主动邀请企业经验丰富的工程师到学校来授课、教学，培训学校教师的实践应用能力，满足企业对科研方面的需求，以及学校对学生实践的基本需求。

总而言之，在校企合作中，学校应积极建立合作途径，丰富合作方式，整体提高自身的实力，和企业之间建立切实有效的合作，以宽广的胸怀开展合作，发挥自身合作的主体地位，构建和谐的合作关系。

3. 调动各方参与的积极性

完善的激励制度是保证合作主体利益实现的重要保障。合理的制度体系应具有三个特点：第一，规制性，即制度必须基于一定规则，对成员主体的行为具有制约和调节的作用，在实施的具体过程中具有监督作用，对于行为的结果具有奖励和惩罚细则；第二，规范性，即对于固定行为具有固定的操作程序，同时强调过程、方式方法和评价的统一性；第三，文化认同性，即制度的构建要基于主体行为的文化背景和认知水平，强调统一共通性。校企合作激励机制的完善主要基于以下两方面：

第一，健全经费保障制度。经费不足是学校办学过程中面临的主要问题，充足的经费不仅是学校办学的基础，也是校企合作的前提和基础。构建校企合作激励机制要以健全经费保障制度为保障，建立校企合作的专项基金。与此同时，学校自身主动寻求资金筹集的多渠道化，解决资金问题。

第二，健全监督制度。校企合作需要第三方的监督机构监督利益分配，第三方的机构可以由政府建构，也可以由社会机构建构。第三方机构的主要功能是对校企合作全程监督，保障校企合作利益的平均分配，为校企合作保驾护航。

第六章　互联网时代高校定制化教学创新研究

互联网时代，教育由于科学技术的进步而逐渐走向现代化，教育的主体也逐渐从教师转向学生，更加关注学生的需求，越来越注重提升学习者的综合能力和各项素质。本章主要从教学理论、计划可行性以及教学创新进而系统构建以及方案设计等角度，讨论互联网时代下的高校定制化教学方式。

第一节　互联网时代高校定制化教学的理论透视

一、多元智力理论

每个人都是独立的个体，不同的人认知能力与认知方式都有所不同。对于认知能力的独立性与差异性的认同被称为多元智力理论，又称为多元智能理论。

多元智能理论主要包括：①视觉主空间智能。在大脑内形成三维思考，即在大脑内部可以形成对应外部的一个立体图像（即外部空间世界的模式），自身可以自由修改、转变乃至重塑此图像的呈现，并在此基础上进行加工创造，从而进行课题操作、图像信息破解的能力；②身体主运动智能。通过操作客体对象，使身体配合得当，进而推进问题的解决与产品制造的能力；③人际关系智能。又称交流一交往智能，是一种在与他人交流中理解对方并与之交换情感的能力；④自我认知智能。通过对自我模式进行符合实际的建立，达到对自身内心世界的探寻，并将此模式应用在生活中的能力。此外，多元智能理论还有一部分体现为智能，同时兼备应对现实问题、对新问题的提出与解决、发明独具特色与文化价值的服务或产品等能力。

每个个体的智力与能力结构各不相同，是多元智力理论最核心的思想，其在发展过程中还需要不停扩充与完善。多元智力理论对于高校定制化教学设计具有理论支撑和方向引导作用，其主要表现为：

第一，一种智力的形成，源于使个体产生对某种行为的倾向，并使其不断强化的一种特质，即影响思考者对信息的加工并赋予该信息以意义的某种特质。这种智力的倾向性使得不同学生做出不同选择。定制化教学要做到在关照此种特性的差异基础上，进一步安排、设计学习内容与理论基础，做到在丰富学习内容的同时因材施教，尽可能地开发不同智力向个体智慧转变。

第二，注重对于智力的整理合并。组合是智力运作的基本方式，多种智力组合是不同文化程度的人解决问题的通法。专家指出人类拥有八种智力，且通过学习和训练，人的智力可以得到不同程度的发展和提高。因此，要制定合理的定制化教学方案，除了要立足实际结合现实情况，更重要的是从满足学生智力整合需要角度出发，发展优势智力，注重不同智力组合之间的适当配合，激发能力多样性，以此提供科学全面的选择，更好地促进学生向更加全面的方向发展。

二、个性发展理论

教育改革主要关注的是学生的创造性，我国目前需要大量创造性人才，因而对于学生个性的塑造已是大势所趋。从个性差异方面来看，影响学生创造性的因素有以下几种。

第一，影响学生成长的首要因素在于智力。从其表现上看有如下形式：①从类型差异性区分，智力因素主要可以分为记忆力、思维力、感知力、想象力、言语能力、操作能力六种，这些能力的不同组合形式构成不同的智力类型；②从发展时间性来看，智力的发育有早晚差别性；③从发育程度来看，智力发展水平并非完全相同，有人智力发展较好被认为是超常，智力发展较平均水平稍差，即低于常规水平，也就是我们所说的低常。智力发展水平的认知依靠智力测试完成。

第二，除了智力因素以外，还有非智力因素对于学生个性发展也具有一定影响，主要体现在学生的需要、兴趣、气质、性格等方面，这些统一被称为非智力因素，主要影响人的心理活动，体现在学生身上更多地决定了其学习动机。

高效定制化教育在个性发展的理论影响下开始发展并逐步有所改善，其相应的启示主要有如下方面：①在时间和理论方面定制化教学，能够更好地把握学生成长的规律和不同学生的适宜发展模式。在学生发展方向给予充分的自我发展空间，满足学生作为主体的独特性、创造性，根据社会发展形成相应的教学方案。②个性发展的主要作用是为了提高个人优势，与高校定制化教学理念不谋而合。此外，高效定制化教学主要是在挖掘学生个性基础上，给其留下充分的发展和展示的空间。③教育资源应该实现精准配置，教学设计应该根据学生特征进行个性化定制，使学生的个性在正确引导下健康发展，从而使学生在更好的师资、课程与教学方式引导下，实现个体的自由发展。

三、人本主义教育理念

人本教育理念对于现代教育的发展造成了十分深刻的影响。人本教育理念主要是对人的个性弘扬，对人自我实现的促进。人本教育理念强调人的创造力、自我实现、价值以及尊严，将人类对于本性的自我回归归纳到潜能发挥的范畴。

以下两个方面是人本主义的核心理念：第一，人是一个整体；第二，每个人都具备自己的个性，拥有属于自己的意愿以及需求，对于事物有自己独到的见解以及经验，都有属于自己的优势。自我实现的关键在于人是否可以清楚地意识到自己的优势所在，能否激发自身的内在潜能以及内在价值，最重要的是要把握住自我意识。人类的发展是创造性的、主观能动的，对于自身能够进行自主选择。

在互联网大时代背景下，人本教育理念可以指导高校进行定制化的教学设计，主要体现在以下三方面：①把握人本主义教育理念，使学生能够理解最高层次“自我实现”的需求，是奠定高校定制化教学的基础所在。传统的教育形式忽视学生的感受，进行批量化教学，然而定制化教学则会帮助学生自我实现，展现出自我价值，对学生更加关注。②人本主义的教学核心是帮助学生认识到自身的优势所在，关注学生的个性发展，通过引导方式使学生能够认识到自身的独特性，最终帮助学生发挥自身的内在潜能。人本教育强调学生通过自身内在驱动，充分开发自身的内在潜能，从而达到自我实现的学习目的。通过开展高校定制化教学，使学生获得对教育的决策权，通过建立主动自觉的学习模式，使学生能够获得自主学习能力，开发学生的自觉性、主动性以及创造性。③真正有教养的人是拥有自主学习能力的人，能够根据环境变化而改变自身学习模式。高校定制化教学的目的就在于此，帮助学生们提高学习能力，提高学生的个体智慧，而不是单纯地传授知识。

学习原则的核心在于教导学生自主学习，给学生足够的自主权，教师要对于学生的潜能足够信任，这样学生会在自由学习过程中形成属于自己的、带有自身独特风格的学习方法，这样的学习方法对于自身而言是提升最快的、最佳的学习方式。在定制化教育中，教师扮演的角色只是引导者和帮助者，主要的决策者以及管理者的角色由学生自身进行扮演，教师的职责在于给予学生良好的学习环境以及充足的教育资源，使学生能够进行自我提升。

在高等教育发展过程中，高校定制化教学是十分可行的一种新形式。在高等教育下有诸多利益方，他们会经过不断博弈形成一种动态平衡的教学状态。在这种教育状态下定制化教学模式必然存在一席之地，定制化教学的程度是唯一需要考量的条件。本文主要目的是解决新时代高等教育发展所面临的诸多挑战，重点是在互联网时代大背景下对于高校定制化教学模式从多个角度进行理论分析。

第二节　互联网时代高校定制化教学可行性分析

一、高校定制化教学的可行性分析

“定制”作为一种顺应互联网时代的生产范式，核心是对每一个个体需求的关注，而这一理念也应该是当前高校教学改革的方向与必经之路。高等教育需要关注每一个学生个体的需求与发展。

对于现有教学模式来说，定制化教学起到辅助和补充作用。定制化教学针对学生的个性特征，利用现代信息技术设计个性化的教学方案，还可以提升教师的教学智慧，使教师更科学、更有针对性地开展教学活动和教学辅导，大幅度地提高学生参与度，增强教学效果。定制化教学与现有的教学模式共同组成互联网时代的新型教学模式。

高校定制化教学注重学生的兴趣爱好、个性特征、认知框架、能力结构以及思维特征，把这些作为教学活动和教学设计的起始点，定制教学能为每位学生提供与之匹配的个性化教学，提高学生学习的积极性和自主性，增强学生的学习动机和自我效能感。除此之外，定制化教学还关注学生的能力倾向，会为每一位学生提供不同的学习目标和发展路径，有效培养学生的创造能力和发现问题、解决问题的能力。基于此，互联网背景下高校可以将定制化教学作为教学改革的可行方式，具体主要从以下方面分析。

（一）教育资源层面分析

1. 提供丰富优质的教育内容保障

近年来，MOOC（慕课）、SPOC（小规模限制性在线课程）、精品资源共享课程、微课、视频公开课以及各种在线学习平台和网络教育资源等层出不穷，这些教育资源内容丰富、形式多样、获取便利，为高校教学变革提供了充足的教学资源。这些教学资源适用于不同范围，各有特点。比如 MOOC 是一种开放性的大规模在线课程，可以为学生提供形式多样的课程资源和广阔的互动平台；SPOC则是一种限制性的小规模在线课程，提供更具针对性的教学资源，更容易与传统教学模式相结合；微课则短小精悍，提供的资源多为具体的教学要点，可以帮助学生对具体知识点进行学习。以上不同的教学资源为实现定制化教学提供了资源和内容上的保障，可以针对学生的个性特征选择相应的教学资源。

学生通过学习平台进行学习活动时，无需他人提出要求和给予关注，学生会主动在网络平台上分享自己的学习资源。如果在教学和学习活动中，全世界的学生都能够分享自己的学习资源，教学资源的生成速度将不可估量。基于学生不同的生活环境和文化背景，学历程度和学习进度也有所差别，由此生成的学习资源是丰富的，教学资源的形式也是多样的，同时要求学生有更有效的学习能力和学习效率。

2. 高校对教育资源的占有

当下丰富的网络教育资源建立在移动互联网发展和普及上，各种网络学习平台的建设为整合教育资源提供了渠道。优质教育资源从本质上来说是指世界各知名高校研发的课程，在附加多种辅助性教育资源后将其进行共享，既有特色质量又有保证。

高校教师和在校学习的学生是教育资源的主要使用者，高校教师利用教育资源提升自我，并把它们作为开展教学活动的补充性资源，而学生把这些资源当作对传统高校教学的补充和完善。除此之外，高校是研究在线教学平台资源以及其前瞻性和指导意义的主要阵地。

可以说，互联网时代，开发、使用和研究数字化学习资源、网络学习资源等都需要依靠各高校，也说明高校拥有大量的优质教育资源，能够广泛开展关于优质资源利用形式的研究和探索，以实现充分合理利用优质资源的目标，也使得高校开展定制化教学成为可能。

（二）学生层面分析

1. 互联网时代学生特点

当今，学生普遍了解和熟悉计算机和网络技术，已经拥有一定的信息素养和实践能力。但是海量的信息在为学生带来丰富学习资源的同时，也带给学生超负荷的认知和学习负担。为此，学生需不断提升自身的信息素养，提高信息辨析能力，以迎接互联网时代下的新挑战。

当下，学生对网络信息技术抱有较高兴趣，热衷新鲜事物，关注世界前沿问题，他们有能力获取更多的优质学习资源，也愿意与网络化环境产生深度交流和互动。学生能够适应在互联网环境下开展学习，也成为当代学生的一种主要学习方式。学生是倾向于这种强调个体自身特征的学习方式，也能够适应在互联网时代背景下高校开展的定制化教学。

2. 学生的学习需求

大规模教学仍然是当前高校主要的教学模式，因其管理方便且利于提高教学效率，一直被高校所采纳。但是这种教学模式也有其弊端，其更加关注学生整体的特征和情况，容易忽略学生的个体特征。着眼于学生整体设计教学活动、确定教学进度，无法符合每一个学生的特征，在学习过程中，学生可能缺乏学习积极性，无法达到良好的学习效果。通常这种教学方式只是简单地呈现信息，形式较为单一，无法满足不同学生的学习需求。学生本身能够接触到各种教育资源，有兴趣和动机接受和学习新知识，学生更需要个性化的、有针对性的新的教学方式。高校定制化教学关注学生的个体特征，在充分了解学生个体情况基础上开展教学活动，能够有效激发学生的学习积极性，提高教学效果，让学生受益于基于技术的新型教学方式，满足学生的学习需求和期望目标。

（三）教师层面分析

1. 树立新型教育理念

高校教学改革，推进了理论研究的深入与教学变革实践的开展，在互联网时代背景下，高校教师深刻地认识到当下教学形式的弊端，已经不能适应社会发展要求，不能满足学生学习需要。对此，教师需要不断接受新的教育理论，保持自我更新和自我反思，努力在原有教学结构中融入新的教学形式。

在课程教学中引进和使用各种在线学习平台，注重探究性合作教学的开展，把学生作为学习的中心和主体；同时，将各种精品教学资源、MOOC 等融合到课堂教学中，拓展课堂教学内容。从以上内容可以看出，各高校教师已经认可并在积极探索新的教学模式，有利于研究和开展高校的定制化教学。

2. 教师价值的重现

教师的价值体现在利用自身所拥有的智慧和能力方面，帮助和引导学生塑造品格、生成智慧、提升能力。建立在互联网技术基础上的高校定制化教学，虽然给予学生教学设计的决定权，但并不代表教师减轻了责任，而是需要担负更加重要的责任。学生受各种客观限制影响，不能全面准确地了解自身，即使有各种大数据分析技术、量化自我技术和学习分析技术等支持，学生对自身的了解也是有局限的，学生并没有足够能力做出最正确和有效的决策。这时，教师由于掌握大量数据信息，并且对学生的个人情况和学习特征有着初步掌握，再结合教师多年的教学经验、积累的教学智慧以及对教学内容和进度的把握，能够为学生提供合适的教学指导和决策指导，帮助学生做出正确选择。同时，定制化教学实现了对丰富课程资源的整合，为教师进行教学改革提供了更多可能性。

教师在定制化教学设计以及实施过程中，承担着重要角色，教师要充分发挥自己引导学生生成智慧、启迪学生的重要价值。教师能够对高校定制化教学保持认同态度并愿意积极进行探究和尝试，将为开展定制化教学提供师资方面的重要保障。

二、高校定制化教学的关键支撑技术分析

(一)量化自我技术

未来几乎所有能想象到的事物都能追踪和量化。量化自我指通过数据收集、数据可视化、交叉引用分析和数据相关性等技术手段，对个人生活中有关生理吸收、当前状态和身心表现等方面的数据进行获取。量化自我是利用技术和设备来追踪自己的情况，并进行量化。

生命本身也将变成时刻不断前行的生活流。对自我进行量化是为了促进自我进步、自我发现，激活自我意识，加深对自我的了解。但将量化自我工具和相应的技术运用到教学活动中时，重点不再关注学生客观的生理数据信息，而是把重点放在收集学生学习过程中的相关数据，还包括学生对学习的外部环境感知情况。通过整合这些数据，在进行综合分析后，将这些数据应用到定制化教学中，可以更具体、更全面且有针对性地了解每一位学生。

在高校定制化教学中使用量化自我技术，可以帮助学生更好地了解和把握自身特征，以此制定和选择最符合自身学习需求和发展的教学计划和方案，确立科学合理的教学目标，在教学中真正做到以学生为中心。同时，帮助教师掌握学生学习规律，为学生提供符合个性需求的教学活动和学习内容定制化教学，实现以学生为中心。

(二)大数据与教育数据挖掘技术

大数据作为一个新兴术语，用于描述人们难以想象的海量数据，以及这些数据生成的速度和结构。大数据主要有六个核心特征：一是数据量大，增加了数据存储、传输，以及分析处理的难度；二是数据增长的速度越来越快，出现了信息流增长率问题；三是数据准确性问题，涉及数据收集、处理和使用过程中的信任问题，以及因来源不同数据产生的偏差、数据异常或数据噪声；四是数据格式多样，可分为结构化数据和

非结构化数据；五是数据验证，指对数据进行进一步验证并分析数据安全问题；六是数据价值，即大数据是否有益于创新想法的产生、是否能够改进原有流程并创造利益。

借助大数据技术，高校教学可以通过数据进行决策，决策更加科学合理。大数据建立在数据采集技术、数据存储技术、数据分析技术、数据传输技术和数据可视化呈现技术基础上，能够起到优化教学，提高学习效率的作用。借助各种网络教学平台，将大数据的相关技术融合进教学活动中，收集学生关于学习的所有数据，深入分析每个学生的个性倾向、知识结构、学习能力、价值取向、兴趣爱好、能力结构等，全面了解每个学生。

深度挖掘教育数据，分析学生群体特征，探究并掌握学生集体学习的规律，为开展大规模教学提供数据和技术支持，不仅能够提升高校教学的针对性，还能提高教学效率和教学效果。同时，可以转变传统的教学评价形式，实施基础数据的多元化教学评价，把评价主体从教师转变为科学的数据，为开展下一步教学活动提供参考依据。

高校定制化教学重视学生的个性特征，将其作为教学涉及的起始点，要求对学生个体必须有深入且全面的了解。传统教学中，对学生的认知大多来自教师的评价和学生的自我评价，不可避免地存在以偏概全甚至是完全错误的情况，而互联网时代背景下，运用大数据技术收集关于学生的数据和信息，经过整合分析后，对学生的评价会更加科学和真实，帮助教师和学生进行更好的教学决策，教学设计也更加具有针对性。

（三）学习分析技术

学习分析技术的具体操作流程为：搜集和分析处理与学生的学习行为和交流互动情况相关的数据、学生的基本个人档案信息及所在的学习情境，以此评估学生的学习结果，发现其中存在的问题，并对学生的未来发展作出相关性预测。学习分析以改进教学设计、优化学习结果为目标，还包括对教学环境的分析。

学习管理系统（简称 LMS）可以跟踪和测量学生在学习过程中的行为，记录有关学生的数据。学习管理系统平台中不断存储着大量关于学生的个人数据，包括学生选择的专业、课程内容，对待学习的态度、偏好，以及参与讨论、合作、作业等，都是关键的数据信息。

学习分析的过程是不断循环的，平台提供数据后进行分析，然后根据分析的数据完善教学设计，以学生为中心开展教学。教学过程中，新生成的数据会被平台再次记录，这样的信息采集与分析不断伴随着学生的学习过程。教师、学生以及教学管理者可以通过学习分析技术和学习管理平台，对整个教学过程有更加深入和全面的认知，从而不断改进教学策略，完善教学方法，有利于更好地开展教学活动。

应用学习技术分析，可以充分了解和掌握学生当下的学习情况，通过分析学生的学习过程判断学生的学习路径，评定学生的学习风险程度，以便及时给予学生学习预警，如有必要可提出具体干预措施，保障学生顺利完成学业。除此之外，收集学生给予教师的评价和反馈，以完成对教师的科学评价，并帮助教师进行有针对性的教学设计；参考学生的整体数据进行总体教学设计，同时为少部分需要预警提醒的学生提供适当的教学干预。

三、互联网时代背景下高校定制化教学的动力因素

（一）社会发展动力

生命之初，教育和人的生存与发展的联系并不紧密，但是随着生活水平和物质水平的提高，人类从原来追求简单的生存逐渐演变为追求更高质量的生存。教育在推动人类追求物质文明和精神文明中扮演着重要角色。社会发展越快，人类的追求也会越高级，人类作为独立的个体，个性特色也表现得更加明显。高等教育的存在会满足人类个体发展需求，也是互联网时代背景下高校定制化教学的动力因素。

我国特有的社会主义制度表明国家对我国教育发展占有重要位置，也负有很大责任。互联网教学的发展在一定程度上被推动。倘若教学制度需要变革，满足的第一个条件是要满足国家对人才的需求，在满足要求的前提下，才可以推动教学制度变革，也为此次变革提供了保障。

（二）经济发展动力

高等教育教学要变革需要有物质基础和动力，而人们在日益发展的物质生活条件下对教育不断并且更高的追求，是物质基础和动力的前提。人们对教育需求不断增加并且随之付出更多的投入，成为高校开展定制化教学这一变革的前提和动力，也是其变革的物质基础。

随着社会发展，人们生活水平的提高，高等教育的市场也随之增加，进而迎来高等教育变革浪潮。在这一浪潮影响下，可供家长和学生选择的教育途径随之增加，家长和学生的需求也随之提高，他们愿意为之付出更多的金钱以求得到最好的教育资源。对此，需要高等教育进行改革，除了重视质量外还需要重视服务，才能够迎合目前市场下家长和学生的需要。人们对教育的需求是与当下物质条件息息相关，人们

物质条件的丰富，使他们追求更好更优质的教育，也是一种新的价值体现。

为了满足人们日益增加的教育需求，需要提升教育的教学质量和服务质量。人们经济水平的提高，促使他们在追求简单的教学服务同时，也追求更好的教学服务，而在互联网时代背景下，教育服务要以学生为主体，尽最大可能满足学生需求，进而为他们提供更加优质的服务。因为互联网时代背景下，学生群体是高校定制化教学的主体，是高校定制化教学变革的动力和经济基础。

（三）高等教育转型动力

高等教育在新的时代背景下的新的要求：尊重生命和人格尊严，权利平等和社会正义，文化和社会多样性以及为建设我们共同的未来而实现团结和共担责任的意识。教育是以培养人才为目的的一种活动。随着时代发展，不同时期需求的人才也不同，现代社会更需要创新型人才，为此教育需要做出改变，以便培养出具有创新能力的人才。因此，教育需要进行改革。

现代社会教育理念以及教育形式，随着国家需求和学生需求发生了很大变化，这些变化也推动着教育进行又一轮变革，促进其快速转型。现代社会需要多样性人才，需要多样化人才，需要创造型人才，还需要尊重学生发展，关注受教育者，这一切的需求都推动了互联网背景下教育制度的变革，也是高校定制化教学变革的动力，也是推动者。

（四）互联网络及信息技术动力

互联网络及现代信息技术的发展，教育形式发生了变化，教育教学环境和场所也随之改变。当前，社会主要的学习方式为泛在学习、数字化学习以及移动学习，这些学习方式的存在都依赖于网络基础和现代信息技术的建设。互联网技术的发展和变革让信息更加公开透明，也让人们获取资源更加便捷快速，改变了信息的存在形式，让资源进行重组并且进行了优化，还拓宽了资源种类，使信息资源能够全人类共享，进而变革教育教学发展方式。

互联网时代，信息知识迅速拓展并膨胀，全世界都可以接触到信息知识。随着各种技术发展，教学方式也随之发生变化。由之前教师教导型的经验型教育转变为科学化、智慧型教育。随着时代发展，未来社会的学习方式将会更加开放和便捷，学校对学生的分析可以采用大数据模式，这样会得出更加精准的分析结果，全方位、多层次地了解学生。学生的个性特征、知识和认知结构、能力倾向和情感结构都可以通过大数据一一呈现。这样详尽的分析，可以让学生发挥出最擅长的学科内容，也可以及时纠正学生在学习方面存在的问题。不仅如此,大数据模式下的教育方式可以分析出学生存在的知识盲点并完善学生的学习框架和学习结构,进而让学生发挥自身优势。要在互联网背景下进行定制化教学,以上内容是其变革的基础。

四、对定制化教学的误解

(一)高校定制化忽视个体社会性

高校定制化教学的发展方向是个性化,但误以为定制化教学只针对学生个性发展,对定制化教学产生了误解。定制化教学虽然在一定程度上是为学生提供最优质的教育,但最终目的是“树人成才”。众所周知,教育可以促进人的发展,具体呈现为以下两个方面:第一是成人。受教育熏陶,人会从自然人成为社会人,简而言之,是社会化的人,是社会成员中的一名。第二是成才。成才指经过教育熏陶后,自然人会拥有知识并逐渐专业化,具备在社会上生存的资格,逐渐成为有用的人,被社会需要。

我国高等教育的基本任务包括:要培养专业人才;要促进社会主义现代化建设;要推动科学技术发展。根据我国国情进行教育变革也是社会需求,也是立足于社会发展提出的要求,也是为了满足社会发展而进行的改革。前面提到人经过教育会成为社会的人,表明人不能脱离社会而存在,而个性化教育虽然突出学生的个性,但是要和社会需求、家庭需求相联系,只有这样,才可以遵循社会发展的客观需求。

学生的教育虽然强调个性发展,但是在追求个人发展的同时,也要时刻牢记民族振兴以及社会需求和国家发展,这样的定制化教学才是真正意义上的定制化教育。高校教育变革要围绕学生、社会、家庭、国家等方面的需求,才能做到真正意义上的变革。

(二)高校定制化教学主体不明

定制化教学的主体对象是学生,但教师也是主体之一,但并不代表定制化教学还是以教师教学为主,学生听课为辅。恰恰相反,定制化教学是为学生量身定制,学生处于定制化教学中的主要地位,教师处于次要地位。互联网时代背景下,学生可以对学习方式和学习策略进行自主选择,学生是唯一的教学主体,学生成为教学的决定者,教育平台以及教师在定制化教学中处于辅助地位,帮助学生获得教学资源并且帮助其决策,三者并不冲突。

(三)高校定制化弱化教师职能

高校定制化教学主张将学习的决策权交还给学生,但教师的作用依然重要。学生在定制化教学中有很大的权利，但并不代表学生的任何决策都是正确的。学生在做决策时会受到多种因素影响，比如自身能力、自身认识、自身的倾向等，都会干扰学生的决策。虽然学生是定制化教学的主体，但是在做重要决策时还需要教师辅助，教师也是定制化教学中不可或缺的一环，只有在教师辅助下，学生才能真正承担起决策任务。

第三节　互联网时代高校定制化教学的理念创新

一、多元理念下的高校定制化教学

（一）教育公平理念下的高校定制化教学

追求教育公平是当今世界各国教育人类社会教育发展、改革的根本趋势与共同目标。教育公平的基本内容是实现既存教育利益分配的平等。教育利益表现为可使受教育者个人身心发展的权利、机会、条件及其他发展水平的评价。

不同地区、背景、基础的个体，用同样的培养方案与教学计划将他们放在同一水平上对待，所以高等院校在现代信息技术支持下实施定制化教育，其根本目的是实现教育公平，让所有学生都能够得到受教育的机会，从本质上说是一种平等教育。为了让学生在更大程度上激发学习潜能，让他们获得更多的成长机会，可以根据学生兴趣深挖其潜能，并制定适宜的教学计划和切实可行的方案，真正做到让每一个学生在教育面前拥有平等权利。所以，现代信息技术支持下的高等学校实施定制化教学，能够促进教育进步，是追求教育平等的有效路径。

现代化信息技术支持下的高校定制化教学改变了学生的学习状态，学生在整个学习过程中拥有自主权，可以在教师指导下进行自我选择与决策，每一个学生都可以根据自己的学习状况选择适合的学习方案，有权利结合个人的兴趣进行有目的地学习，定制化教学让每一个学生能够拥有选择机会，在一定程度上促进了公平教育。

实施现代信息技术支持下的定制化教育，主要目的是提高学生自主学习能力，让学生健康成长，实现个性化发展，体现自我价值，从而做一个对社会有贡献的幸福人。高校定制化教学可以让每一个学生得到全面发展的机会，是一种公平教育。

（二）高等教育大众化理念下的高校定制化教学

实施大众化高等教育是在所有高校教育体系内面向大众实现公平教育，包括学校宗旨、办学目标与机制、招生和就业措施、专业设置和内容以及组织形式做到公开透明。大众化教育与精英教育有着本质区别，教育部门以及整个社会都要为大众教育提供相应支持。大众化高等教育既要有质的概念，也要有量的要求，从根本上讲，高等教育大众化是一个不断向前发展的动态化过程。

现代信息技术支持下，高等学校定制化教学是实施大众化高等教育的可行选择。目前，我国高等教育处于由精英教育向大众化教育的过渡阶段，但是在这一发展过程中，由于存在理论相对滞后，而实践已经走在前面的现实状况，所以遇到一些问题：①现行教育机制还存在阻碍大众化教育发展的状况。②由于监督机制没有落实到位，教育质量存在不同程度的下降问题。③对于高等学校在社会发展过程中的定位问题还存在模糊的观点，有时将其定位为促进经济发展的有效工具，有时将其定位为政治改革的驱动力，有时又在两者之间徘徊。但是从目前高等教育发展现状来看，一个不争的事实是高校在校生人数已经明显增加，并且其构成成分日趋多样化。

定制化教学方式应用于高等教育中能够真正做到关心每一个学生，采用这种模式可以有效解决大众化教育发展过程中遇到的相关问题。高等学校实施定制化教育能够提高大众化高等教育的发展速度，从某种程度上说，定制化教育是高等教育大众化发展的新方法。

（三）教育民主理念下的高校定制化教学

1.教育民主理念

有关教育民主理念包括三方面内容：①拥有平等受教育的权利，不分种族、性别、信仰，也不受权利、地位和经济条件限制，所有社会成员都拥有平等接受教育的权利。②在管理教育过程中要注重民主决策。③在教师和学生相处过程中体现民主，师生之间的关系是平等的，学生尊敬每一位教师，并积极配合教师完成学习任务，教师也关心爱护每一个学生，并调动一切因素让学生参与教学。从更广泛的意义上探讨教育民主，指随着经济社会全面发展，会有更多的人享受高等教育，从而更加体现出民族教育。

2.教育民主理念下的高校定制化教学

(1)教育观念的改变。只有提高教育质量，才能在一定程度上真正实现高等教育民主。实施高等教育定制化教学的具体措施，从根本上提升教育质量，才能将高等教育民主落到实处。

(2)大众化高等教育是实现教育民主的第一步，无法满足学生追求进步的个性化要求，是一种初级教育民主。定制化教学要根据学生实际需求给予更多选择和机会，从而在教育过程、教学方法，以及教育内容上实现民主化，是高校教育走向民主的可行选择，是一种较高层次的教育民主。

实现教育民主最关键的一环是要优化教育结构和改进教育制度，进一步拓宽人才培养的方向和范围，从而向终身教育目标迈进。为此，教育民主与高等教育定制化教学之间要寻求统一协调，实现均衡发展。

二、高校定制化教学的价值理念解析

(一)高等教育价值观

高等教育价值观随着社会的发展，嬗变速度也在加快。这种价值观的发展与演变是与社会需求相适应，而社会需求总是反映着人们对教育的观念和期望。在早期高等教育发展阶段，代表着统治阶级的愿望和诉求。随着社会的进步，民主程度的进一步提高，学生以及其他社会成员已经成为高等教育的重要组成部分。

高等教育主流价值观应体现学生的诉求。现代化信息技术支持下的定制化教学，所体现出的高等教育价值观既要满足经济社会不断发展的需要，又要帮助学生实现其个性化发展的愿望。在高等教育不断大众化发展趋势下接受这种教育，成为学生人生经历的重要组成部分。明确现代化信息技术支持下的高校定制化教学方向，以此为目标，在符合经济社会发展需要和满足学生个性追求基础上，逐步形成高等教育定制化教育理念，从而全面开展高等教育定制化教学计划的实施。

(二)高校定制化教学价值观分析

由于社会的实际需要，越来越多的高校开始注重学生实用技能的培养，在一定程度上形成了学术研究与实际技能之间的矛盾，高等学校定制化教学也存在这种现象，开展定制化教育要满足学生个性化需求，给学生创造适合的教学环境，从而达到人文价值和实际应用协调发展的良好局面。

目前，我国高等教育的发展规模呈现逐年增长态势，高校规模的不断扩展致使学生数量不断增长，对于学生个体的关注度却在降低。互联网的快速发展极大地丰富了教育资源，对于促进学生个性化发展提供有利条件。现代化信息技术支持下的高等学校定制化教育在注重整体教学质量的同时，更要关注学生个性化的培养，只有这样，才能既满足社会发展需要，又能让学生实现快乐健康成长。

第四节　互联网时代高校定制化教学的系统构建

一、教学模块的整合与设计

(一)互联网时代高校结构转变

高校可以根据学生多方面因素重新组建高校结构,比如能力、爱好以及个性特点等因素,打破早期根据年龄进行年级划分的模式。如今,高校教育结构中主要包括四种互依关系:①纵向互依。若学生在低年级时没有熟练掌握基本的理论知识,则随着年龄增长,直至高年级,学生依旧没能掌握这些知识,即知识的学习是按照一定顺序进行;②横向互依。在教学系统中,部分要素固定不变,若这些要素发生改变,其相关要素也会随之发生变化。比如,教师选取了更优质、更高效的方法进行教学,则教学内容、教学形式以及教学评价等方面也会发生相应变化。③物理互依。高校的物理环境是客观存在且不易改变,因而不能随着教学任务的安排而发生改变,也就是说,物理环境是无法为教学提供相应服务,教学活动仅能基于物理环境而进行;④层级互依。不同等级部门之间具有一定制约关系,比如上级政策制定和高校总体设计。在互联网时代下,要有效展开定制化教学,需要打破高校结构中的互依关系,重新整合教学模块。

随着互联网技术的发展和应用,高校传统的教学方式逐渐被改变,其存在的局限性也已经被打破。如今,出现了很多新型的教学形式,如移动学习、网络课程等,打破了物理互依关系。由于定制化教学是以教学模块为基本单位,按照学生的实际需求,将这些模块重新组合起来。因此,应该在此前提下整合模块化结构,重新创建基于互联网时代的高校结构。

1. 打破学科界限基础

在高等教育时期内,文理分科体制的实施过程存在两个显著问题:①学生没有形成自身全面发展意识,主要原因在于学生文理分科体制观念的根深蒂固,使学生的知识结构和思维方式更加单一化,从而影响学生的全面发展。②关于自然科学和社会科学,在研究内容和研究方法等方面必然存在着明显不同,只有两者相互促进、共同发展,才能推动科学和社会发展。

合理的教育体制应该结合的内容有:①人类大脑的生理特征和结构区别,为文理分科体制提供了理论依据;②不同学科的分类特征为文理分科体制提供了合理支撑;

③人类长期总结的文化博大精深，而且知识量也在持续增加，学生无法掌握全部知识，为文理分科体制的实施开辟了道路。

因此，基于互联网发展的教育环境下，高校定制化教学应该打破学科之间的局限性，在专业选择上为学生提供充分的选择空间，在学生正确认识自己的前提下，促进他们更好地成长。

2. 专业分流与选择时间的调整

现阶段，关于专业分流和选择时间的调整，主要有两种模式。

第一种模式：学生在没有进入高校时已经明确所要学习的专业，经过大约一年的学习过程，还可以再次进行专业选择，但其前提是在专业所属范围内。这种模式必然存在显著问题，即学生在选择专业过程中，通常对专业情况不知，或者是了解得不够充分，充满了盲目性和随机性。因此，在学习中，学生对专业产生了消极情绪，甚至出现学业危机。

第二种模式：从满足学生个性化要求层面分析，由于学生能力和素养等各方面都不同，因而专业分流和选择时间要做到因人而异，具有自由性和灵活性等特征。在结合学生个性差异基础上，为学生制定个性化的教学方式，给予学生选择专业的自由空间。因此，专业明确的学生能够尽早选择，而专业不明确的学生可以稍晚选择。

3. 专业设置空间的调整

高校定制化教学展开的前提条件是相对自由灵活的专业设置，也就是说，为学生提供更多的专业选择。现阶段，主要包括两种模式：

第一种模式：专业明确后实行专业分流制度，虽然学生也更多地专业选择空间，然而却局限在一个学科类别中。

第二种模式：专业明确后不实行专业分流制度，若学生要转专业，则需要办理和签订相关转专业手续，显而易见，与第一种模式相比，专业选择过程受到约束。

在互联网时代下，定制化教学要求高校应该在专业选择方面为学生营造更多的选择空间，学生能够自由地选择自己倾向的专业。专业选择不仅是高校教学的基本前提，也是定制化教学顺利展开的必要条件。

(二)互联网时代资源整合

1. 全球化视野下的资源整合

通过互联网信息技术和对外开放的教育制度，有效整合每个国家的优质教育资源，将我国高等教学和世界高等教学充分融合，丰富学生的教育资源，扩展学生的知识领域，增强学生的综合能力；促进学生全面发展，为满足社会发展需求培养大量国际化人才。

2. 社会资源的整合

企业、机构以及其他组织部门都具备大量的优质资源，因而促进高校和社会各部门之间建立合作关系非常重要。创建一种有利于高校和企业展开密切合作的模式，即高校和企业形成一种相互促进、共同发展的关系，在这种情况下，不仅可以满足高校教育发展要求，教学能力和管理能力也得到大幅度增强；满足社会发展需求，高校将培养的人才输送至社会，为社会的发展贡献力量。总之，高校和社会机构建立合作关系，既实现资源共享，也促进双方各自发展，从而形成一种互利共赢的局面。

3. 教学资源配置的优化

信息技术的应用为实现资源共享提供了平台，有效整合各个国家的优质资源以及社会各机构的优质资源，能够使优质资源得到最大化的利用。尤其是教育资源的整合和优化，不仅赋予学生享受教育资源的权利，而且为学生获取信息提供了便利条件。

（三）互联网时代课程整合

随着社会发展对高素质人才的需求，在整合高校定制化教学课程的过程中，需要注重协调学生各方面关系，比如学生成长的预备性知识、专业的理论知识和技能实践、社会快速发展需求等方面的关系，从而实现学生全方面发展。

随着课程形态的改变，出现了越来越多的网络课程形态，教学内容广泛。在线教学已经成为现阶段最具时尚的课程形式。线上与线下相结合的课程形式为学生提供了充分的选择空间，在此基础上，满足学生定制化需求的课程将会展开。

作为高校教学活动的核心载体，课程向“关注能力”转变，目标是提升学生的综合素质。在高校定制化教学过程中，关于课程整合需要改变原来的组织方式，将课程划分为不同模块，这些教学模块还可以进行重组，有利于定制化教学课程的设计和开发。所以，要增强学生综合能力，促进学生全面发展，课程设计要将学生的个性特征、学生的成长情况以及问题解决作为前提条件。

（四）互联网时代教师智慧

在教学过程中，存在着无法预知的情况，教师应该发挥自身创新能力，解决各种细节问题，经过思考和改进，教师能力得到显著增强。随着互联网行业的发展，高校定制化教学要求教师创新教学方式，打破传统教学体系的局限性，在教育实践中不断自省和感悟，提升自身教育智慧。受教育的群体都是独立的学生个体，每位学生都具有独特个性，存在差异性。对于学生而言，教师应该具备帮助学生适应全新的学习环境，指导学生利用数据发现自我，提升学生学习效果，发展学生能力。

对于自身而言，教师应该具备利用技术更好地指导学生，优化教学的能力。除了在实践经验的学习，教师更应该不断进取，终身学习，教师的教育智慧是在理论学习一实践一反思的循环过程中积累的，必须加快教师的教育智慧的培养以适应定制化教学。

二、高校定制化教学系统设计

（一）资源模块设计

1. 选择资源流程设计

基于互联网和信息技术的发展以及应用，有效整合大量教育资源，并且为学生创建了存储和提取兼具的优质资源库，学生既可以快速地查询到所要了解的知识，也能够通过优质资源库提升自己的专业水平。资源库会按照学生的基本信息，为学生提供与他们相匹配的资源。在教师指导以及平台推荐的情况下，学生进行资源选择，所选择的优质资源能够促进教学任务顺利完成。

2. 个体资源库的设计

资源库和资源模块的设计是以学生需求为前提条件，并且随着学生的心理特征和外在表现变化而进行改进和调整。在学生构建和编辑资源过程中，也将知识存储至头脑中，从而形成学生的个体资源库。在此基础上，不仅有利于学生的资源选择，还促进了定制化教学发展，帮助学生实现知识创造的目标。比如部分学生倾向于视频类的教学资源，而部分学生更倾向于文本类的教学资源，在学生个体数据库中，相同的信息内容可能会通过不同的资源形式呈现出来。

3. 资源组织结构设计

创建具有扁平化和网络化特征的资源结构体系，能够促进高校资源整合快速地完成，从而取得显著的教学成果。对于不同的教学资源，其课程标识和专业标识也体现出明显差异，基于学生个体模型数据，与课程标识、专业标识相对应的资源是最佳选择。相同的专业能够设置多门课程，课程资源之间存在着一定联系；除此之外，同一门课程也能够设置在不同的专业范围内，而教学资源的划分并不是以专业作为标准，由于教学资源整合，各专业之间能够进行沟通与合作。

（二）课程模块设计

1.课程模块的分类

通过对课程的整合与重构，将课程分为：

（1）通识课程。这门课程属于预备性知识，主要针对学生的基础教育，是学生参与其他学习活动的前提，也是高校教学至关重要的组成部分。在应用互联网技术的教学环境下，通识课程更要侧重激发学生的潜在能力，挖掘学生的个性特征，为学生将来的发展打下坚实基础。

（2）职业课程。该课程是高校教学的核心，高校教学培养高素质人才的关键就在于专业知识的传授与专业能力的培养，而这些都通过专业课程的教学展开的。

（3）专业课程。该课程目的是使学生适应社会发展的需要，能够在社会上有自己的立足之地，是培养实践能力不可缺少的环节。

（4）多学科整合型课程。互联网时代背景下高校定制化教学更应该注重多学科整合型课程的建设与开展，以技术支撑开展以提升学生能力、发展学生个性为导向的、整合不同专业内容的多学科整合型课程。

2.课程与学业制度

为了把控课程定制，将课程分为选修模块与必修模块，引导学生在一定的框架内进行选择。由于学生能力、个性特征以及学习时间等方面存在显著不同，学生可以根据自己的时间安排选择相应课程，在掌握大量理论知识以及具备相应能力基础上展开课程学习，能够促进学生取得良好的学习效果，给予学生自由的选择权十分必要。

对于不同课程，设置的学分也体现出显著差异性。通过学分高低表明课程的重要性，为学生的课程选择提供参考依据。除此之外，课程选择时间并不是固定不变的，将学分作为标准评估学生的学业情况，能够为学生提供充分的选择空间，从而实现课程定制化。

3.课内、课外相结合的课程模式

在定制化教学过程中，教师除了为学生传授专业知识外，还应该为学生提供课外学习机会，在确保学生掌握专业理论知识的同时，还能够利用课外学习加强自身的优势智能。课外学习的建设和开发，不仅为学生提供了优质的学习资源，更重要的是为学生创造更多的选择空间，提升学生的知识水平，有利于学生全面发展。

（三）专业选择模块

专业作为某个学科门类，是高校按照社会各行各业以及学科体系要求进行分类，

根据专业展开教学是高校教学的显著特点。学生在接受教育的期间内，首先要进行专业选择，才能学习专业理论知识。在应用互联网技术的教育环境下，高校定制化教学的专业选择要体现出自由性和灵活性，学生在决策专业的过程中，辅导教师可以凭借自身的人生阅历和长期积累的教学经验，以及对不同专业发展情况的评价和预估，为学生提供指导和帮助。因此，学生可以自由发挥自主选择权。

在决策专业过程中，教师应该为学生提供更多的选择空间，目的是帮助学生发现和明确自身的兴趣爱好和选择倾向，从而选择与学生相匹配并能够促进其发展的专业。此外，系统平台将会记录学生的思考和决策过程，还有学生和教师之间的沟通过程等，这些信息具有补充作用，即完善学生个体模型信息，为将来的教学活动提供参考依据。

关于高校定制化教学的专业选择，除了指学生对专业决策外，还有选择时间上的自由决策，即没有明确规定统一的专业选择时间，学生能够按照网络平台推荐的信息、兴趣爱好和选择倾向、自己的思想观点等进行时间上的决策，当学生对各专业了解充分时再进行专业选择，则有助于学生有效地规划自己的学业生涯。在整个专业选择过程中，学生充分发挥自身主导功能，成为自己学习的主人。此外，应该为学生提供更多的选择空间，学生能够在一定范围内实现多次选择，帮助学生更加明确自己的选择倾向，同时满足学生专业选择的不同需求。

（四）学生评估

在互联网时代下，高校所推行的定制化教学方式最显著的特点是以学生为主导，并结合多元智力理论，发挥学生独特的优势特点，促进学生快速成长。作为教师，应该充分了解学生的智能优势。经过调查研究发现，在实施定制化教学过程中，大多数学生遇到的最大问题是对自身认知不够准确和全面。为此，应该在应用互联网技术的前提下，准确了解和掌握学生的个人特征，通过教师指导，形成学生评估机制。

通过现代信息技术的发展和应用，获取大量与学生相关的信息，利用信息技术深度分析和探究学生的内在机制和认知结构，常见的信息技术有数据挖掘技术和数据分析技术。除此之外，测量和评价学生之间的差异因素，并对其结果进行归纳和总结，从而形成基于数据、量表以及个体选择的学生模型。在此模型体系中，涵盖学生的全部信息，不仅能够反映学生的个性特点和兴趣爱好，还能够反映学生的认知结构以及思维方式等。

基于学生个体模型的建设，根据教师以往积累的经验，对学生最终的结果给予经验性分析和评估。所以，教育的本质体现在两个方面，一方面教学内容具有一定价值和意义;另一方面培养学生形成正确的思想观点,是导向事物的本源。因此,了解和掌握学生的个性特征至关重要,根据学生特征,选择与之相符的教学内容,从而促进其快速发展;将数据化的科学评估和教师的经验性评估充分地进行融合,从而实行定制化教学方式,将更有利于学生发展。

三、高校定制化教学的系统构建策略

(一)研究学生个体差异

当前的教育模式,由于忽视了学生的个体差异,使学生很大程度上丧失了对自己学习的主动权,这种现象不仅不利于学生个体的发展,也不利于整体教学质量的提升。实现“互联网+教学变革”,用于改变当前这种教学模式。因此,教育研究应转变研究方向,在技术的支撑下,优化教学设计,仔细思考对于不同的学生的教育,关注学生个体,关注教学过程中的异常情况、特殊情况、个别情况,每一个学生个体都是有价值的。研究学生个体差异,了解每位学生的独特需求的时候,才能够真正实现定制化教学。

(二)开发工具用于衡量学生个人能力

互联网时代背景下高校定制化教学将教学的决策权和选择权交还给学生,使学生有权力决定自己的学习时间、进度、内容等。但存在风险,不利于学生个体的发展。学生对自身认知的缺乏,导致不能够寻求更大的发展。为此,要开展定制化教学。作为教师,需要充分了解和掌握学生的个性特征,形成一个准确的认知。此外,高校应该开发一个可以评估学生能力的工具,通过工具以及技术的应用,学生对个人能力的认知会更加清晰和客观,从而促使学生有针对性地培养自身能力。

第五节　互联网时代高校定制化教学的方案设计研究

一、定制化教学方案设计原则

(一)尊重学生的决策权

归还学生的教育选择权力是高校定制化教学设计的核心,让学生可以参照自己的兴趣爱好和能力，结合当下社会对人才的需求，自主选择适合自己的学习内容、指导教师和学习方向。教师要把学生作为教学主体，尊重学生的选择权和决定权，帮助学生在选择和决策中提升能力，培养学生的责任感和决断力。教师作为教学的主导者，需要根据学生的个人特征给予学生知识方面的指导，帮助学生主动构建意义，转变传统以教师为中心的教学模式，将选择权和决策权还给学生。

（二）系统性与整体性

定制化教学是一个复杂的系统，关涉教学过程中的各个构成因素，这些构成要素要保持一种灵活自由的状态，才能满足不同学生个性化的学习需要。在设计定制化教学方案时，要遵循系统性与整体性原则，不仅要使个别要素满足学生的学习需求，还需要协调该要素与其他相关要素之间的组合关系，并通过反馈信息对教学系统进行调整和完善。只有保持互动过程，将关注点放在学生的个体特征上，不断完善定制化教学方案，才能帮助学生提升智慧和能力，提升学生的学习幸福感。

（三）动态发展性

教学不仅要关注社会价值，还要关注学生自我价值的实现，定制化教学同样如此。定制化教学要把学生培养成为符合社会需求的新型高素质人才，引导学生将社会需求和自我需求相统一。学生是发展中人，其需求也会随着环境变化而发生改变，教师在设计定制化教学方案时，要遵循发展的动态化原则，根据学生个体特征变化，更新学生个人数据，及时把握学生动态发展。教学方案也要不断根据学生个体特征的改变进行调整和完善，以保证促进学生个体的不断发展。

二、高校定制化教学方案

（一）教学方案总体设计

教学方案的设计要着眼于教学活动的全过程，同时具有针对性地指向某一教学内容，除此之外，还要做好与学生的个体模型、专业以及课程相匹配的工作。确定内容、筛选材料、设定教学目标和学习目标、记录学习轨迹、具体的教学方式和教学过程，进行以学生为中心的教学反思等构成教学方案的主要内容。

（二）教学方案标识设计

由于教学设计是建立在学生个体差异基础上，每一位学生都有一套独特的、针对自我的教学方案和学习内容，为了对各不相同的教学方案进行标识，以便后期做好整理和分类，需要给这些教学方案编号。编号后的教学方案可以准确地记录学生的学习过程，还能体现方案的修改和完善过程，为下一步的教学提供分析数据。

学生模型的主要标识是学生的个体性差异，通过分析学生的个体差异，以便更好地帮助学生构建知识、能力结构,发展个性以及思维能力。学生可以通过网络教学平台建构自身个体模型,各学科教师也可以为学生建立学习档案袋,对学生在学习过程中的行为以及学习进度进行实时记录;借助大数据分析技术,对学生的学习档案袋既做定量分析,也要做定性分析,概括总结出每个学生的认知风格、学习习惯以及学习框架,有针对性地为学生推送不同的学习内容或进行符合学生特征的单独化学习辅导;设置标识不仅可以指导下一步教学课程设置、模块设置和评价模式,还能够提高学习效率和学习效果。该方案所包含的学生信息,如选择课程和专业等,能够为后续教学设计提供支撑,有利于高校开展教学管理。

(三)教学方法选择

高校开展定制化教学要选择与学生模型相适应的教学方法,从学生的认知风格、个性特征、学习框架和能力结构等方面进行综合考虑和选择。只有选择合适的教学方法才能实现教学目标,运用教学手段将知识传递给学生。此外,在选择教学方法时,还要考虑教学内容的特点,不同的教学方法适合不同的教学内容,教师应采取混合式教学方法,取长补短,运用不同的教学方法指导学生学习,满足学生的个性化需求。学生作为学习主体,可以主动选择定制化教学中的学习方法,同时,教师要发挥引导者的作用,利用积累的智慧和经验整合各种教学方法,在整合基础上实现创新,更好地满足学生的个性化学习需求。

(四)教学评价

高校定制化教学中的教学评价借助大数据相关技术,能够科学全面地收集、分析数据,从数据中发现学生在教学过程中存在的问题,找到出现问题的本质原因,是一种更为客观同时具有先进性的教学评价。互联网时代背景下的高校定制化教学评价,可以有效地检测教师教学目标实现的程度,帮助教师了解学生的学习情况,以方便后续教学工作的开展;对于学生来说,高校定制化教学评价可以给学生以科学及时地反馈,帮助学生提高学习效率,增强学习效果;对于学校来说,这一教学评价可以使学校从整体上把握学生的学习情况,进而及时调整教学策略和教学方法。

高校定制化教学评价采集所有学生学习过程中的全部数据,评价体系内容更加全面,包括学生的创新能力、个性和思维的发展以及实践应用能力等,是互联网时代下对学生发展的一种全面评价,评价标准更加多元化。评价的最终目的是帮助学生发现问题,进而审视和反思自己的学习选择,一步步完善定制化教学方案,真正促进学生全面、自由地发展。

第七章　高校教育数智化创新实践路向的探索与研究

第一节　高校校园文化建设与数字媒体技术的融合创新

一、高校校园文化建设的意义

（一）有利于促进优质校园文化向社会文化的延伸

“立德树人”是高校的根本任务，因此，高校的校园文化建设工作也应与根本任务相一致，要做到从“以文化育人、用文化强国”出发，不断丰富校园文化的内涵，提升校园文化的质量，发展先进、有特色、健康向上的校园文化。要以优质校园文化为基础，实现优质校园文化向社会文化的延伸，从而不断推进国家先进文化的发展与创新。

（二）有利于创造良好的文化育人环境

高校校园文化的建设能够使高校办学更有特色，能够创造良好的文化育人环境，有利于办学和教学质量的提升，从根本上帮助高校培养爱党爱国、品质高尚的社会主义建设者和接班人。

二、高校校园文化建设与数字媒体技术的融合路径

下面以基于 VI＋VR 技术的智慧校园文化系统设计与实现为例进行分析。智慧校园是信息高度集成下的一种发展趋势，在信息技术、物联网技术、人工智能技术、大数据技术的支撑下，可以将校园运营的数据信息进行数字化转型，以数字体系阐述校园运营中的各类形式，实现一体化管理。

视觉识别（VI）器是以视觉符号为基准，通过智能识别功能对各类静态化信息进行表述，可以形成具体化与视觉化的传达路径，保证各类效果在呈现过程中可以分析出意象性、抽象性的信息，进而转变为具有独立功能的文化符号。从校园文化建设角

度而言，利用视觉识别系统可以将文化进行多层次的表述，保证各类文化服务的对接性。虚拟现实技术(VR)是利用计算机网络平台以及相关软件系统构建出虚拟与现实相结合的场景。从技术角度而言，其可以搭载计算机仿真系统，构建出模拟环境，提高模拟环境的沉浸性特征。通过各类数据映射将信息转变为数字化体系以及相关模型，再经由输出设备以及电子信号传输机制，将物体进行虚拟化成像，这样人们通过智能设备进行观察时，可以更为直观地感受到数据模型的立体化特征，提高人们与机器之间的交互性。智慧校园文化系统在建设过程中，应充分考虑文化平台与智能系统之间的关联性，保证智慧校园中各类数据信息的实现可以正确驱动校园智慧文化的延伸。只有这样才可以打造出文化与技术相融合的发展框架。

(一)校园 VI 系统

基于视觉识别技术建设的智慧校园文化系统，主要是以视觉感官为主，通过多层次、多方位的元素融入，保证每一类文化特征可以通过实际载体予以呈现。除此之外，智慧校园文化的视觉属性，可以将外部相关联的视觉化元素进行设计，例如，建设校园智能卡、智慧网站以及数字终端产品等，通过视觉元素的融合，保证每一个项目体系在实现具体功能时，可以令学生充分感受到校园文化元素带来的冲击感。在设计过程中可以利用视觉识别系统，将校园文化的抽象化概念通过标志图案以及色彩进行表述，将元素转变为视觉传达符号，可以令整个标志具有鲜明的特征。学生在接触到此类标志时，则可以真正感受到校园文化的魅力，凸显出文化精神内涵。

(二)虚拟校园交互式展示系统

利用虚拟现实技术设计智慧校园文化系统，主要是依托于交互式与沉浸式功能打造出三维立体化的虚拟场景，结合物联网的技术，将整个校园的各类环境进行场景模拟，通过数字信息与数据模型，保证每一类信息所阐释出的各类数据载体是符合 1∶1 场景建设的。例如，建筑楼、综合楼、住宿楼以及绿化景观、运动场所、实验设施等。通过智能软件设定出整个校园参数，保证每一类信息在比对与实践的过程中，可以通过模拟的形式，凸显出校园文化的主体特征。这样，学生在利用虚拟现实设备对校园场景进行查验时，可以通过多形式化解析出整个场景本身所具备的特征。例如，在对校园参观时，可以通过定点俯瞰、仰看的形式，对校园内部的环境进行解析。除此之外，通过校园文化系统与之交互功能之间的有机结合，可以真正凸显出文化的特色性与价值性，师生可以通过虚拟设备全面了解到教学环境教学设施等。与此同时，在校园文化拓展过程中，还可以通过虚拟现实产品建设搭载互联网，分析出当前教育活动在开展过程中所呈现出的发展概况。例如，通过大数据挖掘技术模拟数据信息，在规定时间内的走向，将各类信息资源进行价值化整合，通过物联网实现人们与整个虚拟校园文化场景的互联与互通。在文化体系建设过程中，可令参与虚拟环境的各类人员，充分了解到校园文化环境以及各项活动设施在运行过程中所起到的价值，达到文化弘扬的效果。

（三）多媒体信息发布系统

从校园文化的衍生与演变角度而言，校园文化是通过不断的教育实践与管理实践所形成的一种特定性思维，且此类文化思维可以作为校园精神建设的一个重要衡量点，进而指引着后续教育活动的开展，为学生树立正确的文化观念，提高人才培养的针对性。智慧校园文化系统的设计与实现则是需要按照传统校园文化的演变规律为主体，结合互联网运作模式，将各类文化传输作为一个衡量体，凸显出文化的本质价值。对此，可以采用多媒体信息发布系统，作为校园文化传播的一个节点，通过多媒体平台以及网络平台，依据不同文化特征在不同区域、不同终端显示出内容，此时文化传播则可以通过各类载体进行现场规划，例如，电视节目、网络直播节目等此类定向式的组成形式，不仅可以将文化来源界定；同时也可以通过多渠道对文化进行延展，这样可以通过打破传统校园文化时间与地点的局限，依托于互联网进行无限制、无区域的传输。在具体设置过程中，校园组织人员以及技术人员可以针对多媒体平台进行研发处理，结合不同播放形式以及不同播放时间段，将信息定向推送到网络平台之中，可以有效实现平台与学生之间的交互性。

技术人员应起到信息审核的重要性，将播放终端设定出相应的认证机制，人员才可以依据自身信息登录到网站，有效杜绝外来人员的访问问题，从而达到文化的定向化与规范化推广，有效提高校园文化的传播效率。

第二节　人工智能、大数据和云计算协同管理的融合创新

一、人工智能、大数据和云计算的认知

（一）人工智能

人工智能，又名机器智能，是指智能由机器展现出来，但是，人将机器智能研究了

出来，所以又叫“人工智能”，人们开发研究人工智能是为了延伸、模拟与拓展人的智能技术和计算方式，人工智能作为主要的计算机形式，目前已经被大量地应用到各个行业中。早在很久之前，人工智能就诞生了，发展至今已经能为人们完成很多事情。人工智能发展的最终目标就是“人”，此处的“人”是指人工智能既要拥有人活动的能力，又要拥有人思考的能力。当下的人工智能有三个类型不一样的系统：第一，分析型人工智能具备认知的能力，可以根据储存库的经验开展决策，从而提供给人类动力。第二，启发型人工智能具备情感的能力，在开展决策时会将情感因素混合进去。第三，人性化人工智能具备自我的意识，可以和人开展交流互动，从某种意义上说，此系统的人工智能与人工智能发展的最终目标最为接近。

但是，如今的人工智能还远远达不到发展的最终目标，如今的目标则是用人工智能做些比较繁杂的工作为人分担工作量。人工智能探究的主要问题有四种，即学习、知识表示、操控对象的能力和自然语言处理的能力。平常的智力仅仅是人工智能要达到的其中一个目标。人工智能的方法有三种，即传统的符号人工智能、统计方法以及计算智能。人工智能的专业工作人员为了保障人工智能可以把自身的作用充分发挥出来，在建构期间用到了基于概率、统计和经济学方法，以及人工神经网络、数学优化等大量工具。人工智能在发展期间综合了哲学、数学、信息工程，以及计算机科学等很多学科的相关知识。如今，全球的信息技术在不断发展，云计算和大数据的发展都有了很大程度的提高，人工智能也实现了质的突破。人工智能目前早已是全球产业中关键的组成因素，能够将许多关系到运筹学和计算机科学的疑难问题解决掉，有非常重要的价值。

（二）大数据

大数据是指“在一段时期和范围里，用新的处理方法解决平常软件不能处理的问题，决策力的信息资产、决策以及洞察发现才会更强”。大数据智能追踪与观察，做不到抽样检测。人们运用大数据，依靠的主要是用大数据分析和观察人的表现与行为举止，其意义是数据在处理、分析和加工以后能达到增值，而不是大数据自身具备的追踪和观察作用。大数据有五个特征，即低价值密度、真实、高速、大量、多样，需要计算机为其进行数据支持，云计算负责处理数据，和计算机的关系非常密切。适当地使用大数据才可以增值。

从某种意义上说，数据容量能够展现数据的潜藏信息和数据的价值，合理运用大数据可以用最小的成本完成最大的价值。大数据的结果分为三种，即半结构化、结构化以及非结构化，如今很多企业运用的数据几乎都是半结构化数据。若想用正确的态度看待大数据，分析时便应根据下面三个方面：

1. 理论

大数据若想被人们大量认可同时得到广泛传播，基础是要用正确的态度看待大数据的理论。理论不仅能展现出大数据处于目前社会中的意义价值，还是表现自身特点的方法。理论上看，人们能够具体地分析出大数据的未来发展和大数据处于各行各业的意义价值，能归纳大数据存在于各行业的价值，将大数据的隐私看作是基点，深入地探究大数据存在于人类社会中的价值。

2. 技术

大数据能够存在并得到发展，最基础的便是技术。大数据的技术类型主要有四种，即感知、云计算、存储技术和分布式处理，这些技术有利于大数据从采集到最后形成结果的全过程，有利于保障数据的准确，让大数据充分将自身的作用发挥到各个行业中。

3. 实践

如果说大数据发展的前提是大数据的技术和理论，那么表现大数据最终价值的则是实践，新兴技术只有在实践中得到应用才能将自身的作用充分发挥出来。如今，网络、企业和个人等各个行业都在使用大数据，大数据不仅给人们带来了便利，还提高了我国的信息技术。

（三）云计算

云计算是指让网络中的大量数据在计算机这一载体中分解，再由服务器和系统处理，然后再为用户提供处理的结果，这是经典的虚拟资源。云计算最明显的特点便是自身的计算能力和速度。目前，云计算最主要的应用途径为地质监测、行业发展以及天气预报，而且，云计算也不是对全部用户开放。

人们非常容易混淆效用计算、网格计算和自主计算。效用计算是计费的方法，不同于云计算。网格计算是分布计算的一种，本质上是超级虚拟计算机，一般而言，此种计算需要做一些大型的工作。自主计算是开展自我管理中的一种模式。虽然云计算不同于以上三种模式，但是，大部分云计算都需要依靠计算机群。

二、人工智能、大数据和云计算的协同发展

（一）人工智能、大数据和云计算的联系

云计算、大数据和人工智能都是信息技术进步到某种程度产生的结果，计算机是

三种技术的载体,发展到一定程度必然会对三者进行融合。如今三种技术在社会中已经得到了普遍的应用,不过,不同的技术应用在不一样的领域中。人工智能发展最主要的源泉便是云计算和大数据。从某种意义上说,计算机发展的趋势包括上述三种技术,它们彼此是互相融合的,但目前三种技术还在发展阶段。人工智能与之相比被应用得较为广泛,比如,商场的小机器人、手机中的语音小助手以及智能的操控家电开关的系统等。但事实上,人工智能若想更好地发展,必须有大数据和云计算的支持,这也说明三种技术是密切相关的。

不管是大数据、云计算还是人工智能,都需要信息技术的支撑。目前,全球都处于信息时代,从全社会来看,信息技术的作用非常大,大数据、云计算、人工智能的存在都需要依赖信息技术。但不管是什么技术,对社会的发展都有一定的推动和阻碍作用。总的来说,大数据、云计算、人工智能技术都促进了社会进步,将各行各业的水平提高,推动了全球进入新的发展阶段。三种技术的阻碍作用随着社会的进步也会逐渐得到解决,在此期间,专业技术工作人员就需要格外注重阻碍作用,用技术解决掉阻碍作用,在利用大数据、云计算以及人工智能的同时,也避免其对人们的生活产生阻碍。

(二)人工智能、大数据和云计算的影响

为了对公司的业务进行优化、将自身的发展能力提高,大部分企业都会使用大数据,尤其服务业和金融业。但是,云计算是大数据进一步发展的前提,若是云计算不能得到好的发展,大数据则不能把自身的作用充分发挥到各个行业中来。云计算的存储功能和计算能力非常强大,能够推动物联网和人工智能发展得更好。人工智能得到了大量的应用,因此云计算也有了很大的发展空间。与此同时,人工智能的发展期间有很多问题可以拓展,总的来说,人工智能作为一种机器智能,若想实现终极形态要经历特别长的时间,而这种终极形态目前仅仅是人们的猜想,最后能不能达到尚待考察。

人工智能若想在短时间发展,就务必要有云计算和大数据的支持。目前的人工智能比较机械,缺乏足够的实用性和灵活性,云计算和大数据的发展若是一直保持现状,也没有大的发展态势变化,未来的人工智能则很难得到发展。与此同时,大数据和人工智能的水平由云计算的水平所决定,如果云计算的存储功能无法得到提高,计算的速度得不到提升,大数据和人工智能则都无法进一步发展。

三、人工智能、大数据和云计算协同管理的融合应用

(一)统框架

譬如,一家涵盖理财、储蓄和信用等业务的综合性公司,其中主要运用大数据的是信用服务业务,大数据通过对固定阶层群众的支出和收入情况进行分析、追踪以及精准定位,为有信用需求的人群提供服务。大数据的数据库能够区分公司的所有业务,对于不一样的业务,信息系统可以开展风险分析和精细化管理;除此之外,系统还可以根据公司的营业情况将公司的收益分析出来,将强大的数据提供给公司,使其更好地发展。企业的大数据平台基础服务群域主要有五个方面,即数据湖集群域、省服务集群域、数据仓库集群域、"开发测试"集群域以及机器学习实验室集群域。

数据湖集群域通常用来管理和收集数据;省服务集群域通常用于开发所有省份的有关人员的数据过程;数据仓库集群域通常用来改造数据集市和仓库;"开发测试"集群域通常用来提供数据和建立学习的平台;机器学习实验室集群域通常用来查询数据、研究算法。

(二)数据迁移

譬如,某个公司在发展时能使用海量数据的存储和集成技术(Hadoop),此技术能将全新的数据信息系统建立起来,从而取代以前的信息发展技术。

公司开展业务的对象是全部市场,用户需要不断查询数据,这便要求公司的数据运行系统和数据管理系统足够强大,以前的数据库由于用户越来越多已经无法为目前的发展提供帮助,公司便需要迁移数据。公司使用 Hadoop 技术能将迁移数据期间产生的风险降到最低,保障数据足够完整,同时 Hadoop 的平台会对错误信息发出警报,数据迁移操作的仅仅是一小部分数据,既能对信息系统进行优化,还能把有关的成本节省下来。

(三)数据运用

数据运用是指一种新的形成于大数据之上的多租户模式,能建设完整运用机器与容器云的学习平台。公司能在公司内部开展资源的分配、存储和计算,所有租户都能在享受个人资源的前提下共享资源。

第三节　高校教学质量内部治理的“数智化”转型设想

治理行为指的是多个主体以相互协商为前提，找到能被大众认可的、最好的解决问题的方式的过程。高校的内部曾经提出过“治理”这一观点，其将高等教育的现代性与现代管理的重要观念体现了出来，突出了管理需要转型，强调了民主性的特点，属于全新的高等教育管理的方法。如果提升高校自身的治理水平，肯定会将高校所有主体的活力充分激发出来，会对高校创新改革的全体合力的形成有利，会对高校将发展的潜力转变成实际的效能有利，会对高校全部工作的内涵式发展的推动有利。让治理观念进入高校内部监控教学质量的领域中，也就是让有关教学利益的人建成教学共同体，用全套的管理制度管理有关教学质量的持续性和系统性的事务。从教学质量角度看，内部的治理目的应该是改革以前单向的静态管理模式，在学校内部实施新模式，也就是让有关利益的主体，如管理者、学生、教师以及院系等进行多元的商讨和共同治理。高校教学质量的内部治理处于高水平还是低水平，既会对高校目前的发展能力产生影响，也会对高校未来的发展起到决定性作用。

教育会受人工智能和大数据等各种先进技术的发展以及先进技术深入融于教学场景中等多方面的影响，由以数据为基础的智能决策取代以经验为主的决策。高校教学质量的内部治理身为教育界重要的分支，样态紧跟教育的发展变化出现了全新的样态，即“决策智能化＋业务数字化”。一方面，我国高校教育中的课堂监督、教学评价等已经实现了数字化，形成了从教学结果评价、过程监督，到教学改进和反思的全流程与全场景的数字化闭环管理，并在此过程中生成大批非结构化和结构化的数据沉淀。另一方面，数据诊断技术作为人工智能和数据科学的典型，也在努力发挥积极作用，以经验为主的传统决策正在被以数据驱动为主的智能决策所替代，使得大力支持和准确响应建设专业和课程的需求变化、学生的满意度管理、教师的教学反思得以实现。

总而言之，数智化治理是指高校教学质量的内部监督工作是以数字化管理为前提的层次更高的需求，如此条件下形成的格局必定是制度和技术共同发展的结晶。详细来说，此种治理模式是崭新的教学质量的调控样态，可以将影响教学质量的因素准确识别出来并对其进行干预，形成涉及面更广的全场景，如领导评价、学生评价、结果评价、同行评价、监督评价，以及教学过程监测等；前提基础是对串联信息的全流程，如存储、采集、管理和调用等进行数字化闭环；核心技术是人工智能和数据科学，在干预决策的过程时，可以有效地表征各个业务的发展瓶颈和数据内涵，如学风评价、教学资源的质量评价以及教学水平与满意度的评价等；同时，还能使用智能推荐算法予以准确干预。

从策源结构层面来说，数智化治理以数字技术带来的作用为前提基础，在吸纳多源异质数据和非结构化数据并将其作为崭新的策源以后，在高校内形成全新的决策格局，由利益相关者，如学生、教师、院系和教育管理者等全面、深层次地参与教学质量的发展，协商治理教学质量的发展；从内涵流变层面来说，数字化治理是紧跟教育信息化技术的发展而产生的管理方式演进；从技术的驱动力层面来说，数字化治理这一产物出自智能化和数字化两种技术的共同叠加；从意义价值层面来说，数字化治理是积极响应国家教育的治理体系和治理能力的现代化要求的体现。

一、高校教学质量内部治理的“数智化”的主要特征

在传统的教学质量监控背景下，普通的统计学方法是教学质量调控进行决策期间时主要依靠的方式，分析工作人员在参与教学质量监控的活动如专项评估和教学评价等时，完全依靠手工的方法或者业务系统与计算机的帮助，用比较结构化、固定化的数据开展分析。最后的决策敲定前，分析人员在为所有的决策者说明推理的过程、分析结论时，主要会用文本化的表征方式。但是，如今正是大数据的时代，高校内治理教学质量的形式也有了非常大的改变。由于来自评价活动与教学活动的数据量越来越多，而且还出现了很多新的特征，如多源异质和非结构化等，现在很重要的研究命题是怎样才能有效地展现与表征教育场景中的大数据。越来越大的不匹配出现在“数智化”治理的实际追求和传统的方法论中间，极大地限制了高校教学数据资产的价值。而教育中的大数据与人工智能有关的“数智化”技术和数据科学结合，在教学质量的治理方面表现出了很大的优势，选择了多元的策源，能更高效灵活地运用信息，能更直观生动地表征分析的结果和推理的过程。对此，下面围绕三个突出特点做详细的解释。

（一）数据科学技术推动教育数据多元协同

数据科学的定义比较广泛，是一门由各行各业的知识与很多的专业技术如数据可视化、数据分析、数据管理、数据加工、数据计算等共同组成的交叉学科，对于高校的数字化转型来说至关重要。信息化的数据采集达到了教学的全景数字化，所有业

务数据在集成与网络传输技术、数据穿透技术的影响下实现了相互联通，高校信息化服务的效能和质量在数据仓库技术(ETL)的影响下都有所提高。数据科学技术应用可以借助决策优化、数据聚类以及数据认知等挖掘教育数据的潜在价值、复杂性关联，启发数学的决策过程、决策理念以及决策主体的适切化与智能化，促进数据的决策理念从经验发展为循证，促进决策主体发展为多元的、具备“去中心化”的协同体系，促进决策过程从经验发展为数据的智能驱动，将智能算法与规模化数据视为中介，对教育数据进行表征使其成为信息，进一步把信息发展为行动知识，最后形成清楚的智慧决策方案。

(二)人工智能算法挖掘教育数据潜藏价值

人工智能算法以人工智能的自然语言处理为基础，对教学质量的内部治理有一定的帮助，可以利用与挖掘非结构化数据的价值，还能把以前没有的决策支持信息提供出来。

第一，借助人工智能对评语做逆向的分析，挖掘大批评语内的共同因素，能将证据提供给课堂教学评价量表，使其修订，还能使得教学评价中比较零碎的教学智慧与经验聚到一起，给课堂教学评价带来全新的视角。

第二，借助人工智能降维教学评价数据的属性特点，分类好教学评价里的短文本和中文本数据，使其按照情感划分开，从而判断评价的情感倾向。

来自评价反馈活动和数字化教学的非结构化数据与信息，本来不能被合理使用，但在人工智能的背景下获得了有用的价值挖掘，给教学质量的质量方式带来了全新的选择。

(三)可视化技术促进教育数据表征理解

教育的大数据借助人的视觉认通量比较高的特征，将藏于教育数据中的行为模式和认知规律用可视化图形的方式展现了出来，为用户推断出大量数据中有价值的信息提供帮助，把藏于教学中的认知规律挖掘出来，更好地理解繁杂的教育情况。其主要针对的使用对象为管理人员、学生和教师，直接目的为改善教学活动、提高学生的成绩、挖掘教育规律、提升管理效率。

在解释智能算法和数据驱动下的繁杂推理过程以及分析的结论时，可视化表征能有效地弥补计算机自动化分析方式存在的不足和缺陷，能将传统的文本化表征方式不能完成的任务肩负起来。可视化系统在数据的驱动下还能为管理者提供较直接的教育分析报告，为管理者精准地预测未来的趋势提供帮助，为了保证决策的安全性，还会将有关的预警机制建立起来，在教学质量治理中的前景非常好。

二、高校教学质量内部治理的“数智化”的转型策略

对于高校的教学质量发展来说，治理逻辑把最好的发展方式提供了出来，“数智化”技术把实现发展的工具提供了出来。从核心来看，这里探讨的“数智化”治理是指在技术层面中，教学质量的决策智能化和评价数字化的结合运用，是随着教育信息化发展、内部治理方式发生在管理方面的转移，是与质量调控有关的项目发生在制度方面的更新和迭代，是教学质量与利益有关的主体发生在素养方面的不断演变。如果想让教学质量的“数智化”治理成功转型，高校应该对改革期间的人员技术修养、制度、技术、管理中彼此的关系有一定的明确，对改革将遇到的困难有一定的认识，把困难中的关键问题解决好。

（一）以技术革命引领管理革命

教育改革中有力的工具是信息技术。但是，高校如果在推动“数智化”的转型中无法根据自身的发展策略来完成，推动“数智化”仅仅是为了展现“数智化”，那么就会导致新技术的引入只能停留在表面，也会让技术革命自身诱发新教育的异化情况，而失去了推动作用。针对这种现象，高校应该把“数智化”的转型看成“一把手工程”。将适切性看作导向，评估好教学质量的内部治理体系中“数智化”技术的所有流程和环节的引入，保证“数智化”技术能被应用到合适的场景中并得到合理地运用，从而启发管理层面开展革命和创新，令管理者、学生和教师等有关利益的主体能够对教学质量的样态做共同的协商治理。

（二）以制度跟进推动改革进程

如果先进的管理方法得不到及时的政策机制上的跟进和保证，那么也不能确保改革的效力，更没有办法长久维持改革的效力。若想完全实现教育治理的效能，应该从教育治理领域中入手，将政策的氛围营造出来，对组织的管理结构进行变革，持续完善教育治理的法规系统，使得多元协同的治理方式慢慢形成。因此，为了更好地面对管理革命引起的各种变化，高校的全部有关部门都要以“数智化”治理的系列新特点为依据，重新制定或者主动更新各个方面相关的制度文件，如教师绩效考核、教学质量评价管理方式、教学数据管理的使用规定等。只有保证制度能紧跟管理革命的步伐，才能为“数智化”的教学质量由管理研究转变为管理现实提供保障。

（三）以素养培育保障持续发展

在智能时代中，教师既要拥有数据修养与人工智能修养，更要将数据修养与人工

智能修养结合到一起。教师只有拥有“数智修养”,才能防止在人机合作的教学环境中成为边缘人物,学生也是这样。但是,受传统的教育模式与理念的影响,仍有一些教师和学生在观望教育教学中的新兴技术,这些古板的思维会对智能信息技术的使用与推广产生阻碍。高校为了把不好的负面影响消除掉,应该依靠有关的教学单位与教师发展机构对数智修养进行针对性的训练,让教学质量内部治理体系中的成员都能将“数智化”转型的认识建立起来,同时拥有很强的数智修养,进一步将足够的内生动力提供给教学质量内部治理的多种项目,如教学监督、学风学情反馈、领导和同行的听课评价以及教学的满意度评价等。

参考文献

[1]陈丽琴,郑贵宝.浅析高校教育管理的文化创新与实践[J].大学,2024(2):58－61.

[2]陈燕,杨帅."区块链＋未来高校"教育创新生态系统构建[J].现代教育技术,2022(4):21－30.

[3]冯程,李瑞海.高校教育教学模式创新研究[M].成都:四川大学出版社,2023.

[4]韩闯.基于"互联网＋"的高校创新创业教育初探[J].科技视界,2023(10):231－233.

[5]姜麟,王亚光.现代高校英语教育教学创新与实践[J].食品研究与开发,2022(2):234.

[6]李永茂,朱美霞.基于创新人才培养的高校教育管理策略[J].教育信息化论坛,2023(13):87－89.

[7]刘愬.高校教育的创新思考[J].科教导刊(电子版),2016(19):17.

[8]骆柏.高校教育创新进程中现代教育技术发挥的作用解读[J].科技尚品,2016(6):251.

[9]孟利,宋祺,蔡应心,李军卫.立足服务地方经济的高校教育创新模式研究[J].文化创新比较研究,2018(12):102－103.

[10]师韵.慕课背景下我国高校的教育创新[J].科教导刊(电子版),2016(11):23.

[11]谭瑞康,吴国莲,庞冬,等.新时代高校教育管理模式的创新研究[J].教育信息化论坛,2024(9):45－47.

[12]唐婧婧.新时代高校"互联网＋"大学生党员教育创新研究[J].智库时代,2022(33):65－68.

[13]陶卉欣.基于"互联网＋"视域论高校教育创新模式[J].现代职业教育,2021(9):212－213.

[14]王彬彬.人本理念在高校教育管理中的创新与实践[J].科技资讯,2020(16):230,232.

[15]王存琴.以供给侧结构性改革思维推动高校教育创新研究[J].科学咨询,2021(14):155－156.

[16]王德超.基于翻转课堂的高校教育创新路径[J].中学政治教学参考,2021

(33):93.
[17]王霞.高校教育创新的探索与思考[J].中国成人教育,2013(3):17－19.
[18]魏红,刘志军.时代语境下高校社会主义核心价值观教育路径创新研究[M].成都:电子科技大学出版社,2018.
[19]吴殿倬."创新教育"理念下的高校教育管理[J].成才,2023(7):1－3.
[20]肖文平."互联网＋"视域下我国高校教育创新途径探究[J].大众投资指南,2018(14):217.
[21]张露汀,杨锐,郑寿纬.高校教育教学创新研究[M].长春:吉林人民出版社,2021.
[22]张雁泉.高校传统文化教育创新策略探析[J].铁道警察学院学报,2023(5):118－122.
[23]郑南,李德军,谭海峰.基于现代教育技术下高校创新教育的方法和策略[J].新教育时代电子杂志(教师版),2021(42):189－190.
[24]庄佳.高校教育的创新与改革研究[J].现代职业教育,2018(27):165.